토마스와 앤더스의

착한 팝송에서 배우는
영어회화

Pure and Simple Pop Song English

QR 코드
사용 방법

- -

1 **QR코드 스캔 앱을 연다.**
앱 사이트에서 각자 다운

2 **QR 코드에 카메라 갖다대기.**
잠시 후에 QR 코드에 포커스를 맞춘다.

3 **바로 스캔되어 해당 유튜브 동영상**
사이트로 이동.

4 **이제 팝송을 감상한다.**

전체 플레이리스트
입니다.

토마스와 앤더스의

착한 팝송에서 배우는 영어회화

Pure and Simple Pop Song English

저자 | Thomas & Anders Frederiksen
번역 | Carl Ahn

착한 영어 시리즈 12

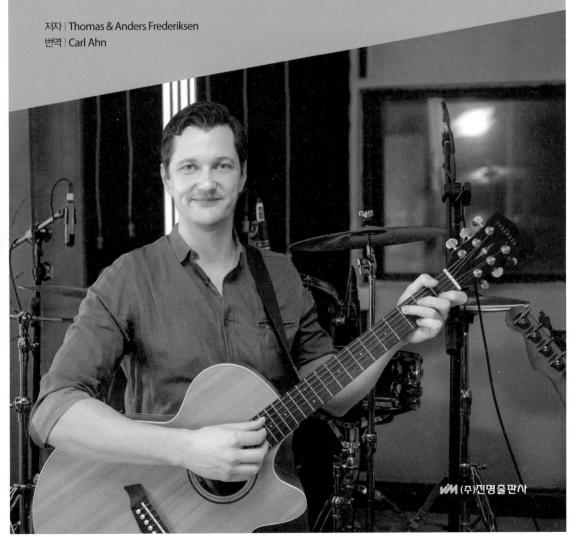

VM (주)진명출판사

토마스와 앤더스의

착한 팝송에서 배우는 영어회화

Pure and Simple Pop Song English

초판 1쇄 발행 2022년 2월 20일

저　　　자	Thomas & Anders Frederiksen
교 열 · 교 정	황규상
번　　　역	Carl Ahn
발　행　인	안광용
발　행　처	㈜진명출판사
등　　　록	제10-959호 (1994년 4월 4일)
주　　　소	서울시 마포구 양화로 156, 1517호(동교동, LG팰리스빌딩)
전　　　화	02) 3143-1336 / FAX 02) 3143-1053
이　메　일	book@jinmyong.com
총 괄 이 사	김영애
마　케　팅	김종규
디　자　인	디자인스웨터

발행인의 말

㈜ 진명출판사

대표이사 **안 광 용**
carl-ahn@hanmail.net
010-4425-1012

영어와 팝송에 빠져있던 대학 다닐 때 이야기입니다.
Cliff Richard, Frank Sinatra, Elvis Presley 등 유명한 가수들의 노래를 즐겨 부르며, 노래에 소질이 있다고 생각해 KBS 노래자랑에 출연한 적이 있었습니다.

팝송과 영어를 좋아하는 독자들을 위해 제대로 된 책을 만들고 싶다는 생각을 가져왔었고, 이제 저희 **착한 영어시리즈** 중 열두 번째로 **'팝송에서 배우는 영어회화'**를 출간합니다.

Old Pop Song 32곡을 선별하여 여덟 개의 Chapter에 나누었고, 한 Chapter마다 4곡씩 수록했으며, 주로 영어 학습에 중점을 두었습니다.

Song Story(노래 이야기), Fun Fact!(재미있는 사실!), Lyrics (가사와 그 번역), Pronunciation Practice(발음 연습), Words in the Lyrics(어휘), Lyrics Breakdown(가사 파헤치기), Discussion!(토론하기!), English Structures(문장 구조), English Focus(핵심 연구), Now It's Your Turn(네 차례야!), Chapter Roundup(마무리하기) 등으로 구성했습니다.

가사 번역에 많은 어려움이 있었는데, 일선에서 영어를 가르치는 최은서·이일우 선생님, 팝송 애호가 최영식 선생님, 캐나다 캘거리에 있는 김영신 선생님의 도움을 받았습니다.

총괄 편집과 원고 교열·교정을 맡아주신 황규상 선생님에게 감사를 드립니다.

"Dream as if you would live forever and live as if you would die today."

추천사

● Dr. Christopher Temporelli

Dear Readers,

Music is known as the "Universal Language," and coming into contact with "Pure and Simple Pop Song English," I was struck what a wonderful bridge, using songs and music we love, to facilitate learning English.

Music has always had a special place in my life, and I was thrilled to take this trip with Thomas and Anders to consider and rediscover some of the greatest songs of all times.

The historic references for the songs are fascinating, and along with translations, the grammatical instruction is introduced in such a way as to bring learning and awareness in as easy and digestible way as possible. The reader improves their English, while on this journey through music and time. Plus this book will also serve as a reference to truly understanding songs at an entirely new level— even if one has listened to them all their life.

Please enjoy your encounter with "Pure and Simple Pop Song English," and wishing you all the best for your English and musical journey!

Dr. Christopher Temporelli,
international singer and actor, author, radio host, professor of music

사랑하는 독자 여러분,

음악은 '만국 공통어'라는 말이 있듯이, 이 책 '착한 팝송에서 배우는 영어회화'를 만나고 나서 제가 깨달은 사실은, 우리가 사랑하는 노래와 음악이 영어를 쉽게 배우는 데 아주 훌륭한 다리 역할을 해준다는 것입니다.

음악은 제 인생에서 특별한 위치를 차지해 왔고, 특히 이 책의 저자 토마스와 앤더스와 함께 떠나는 음악 여행은 시대를 불문하고 위대한 노래들을 살펴보고 재발견하는 데 큰 기쁨을 안겨 줍니다.

노래 안에 깃든 역사적 배경은 흥미롭고, 번역과 함께 문법 설명은 가능한 한 쉽고 이해하기 쉬운 방법을 제시합니다. 음악과 시간을 통한 여행을 하는 동안 독자 여러분들은 영어 실력을 향상하게 될 것이며, 이 책은 또한 늘 들어왔던 곡이라도 완전히 새로운 느낌이 들 만큼 노래를 진정으로 이해하는 데 참고가 될 것입니다.

여러분들이 부디 이 책과의 만남을 즐기시기를, 그리고 영어 공부와 음악 여행에 행운이 있기를!

크리스토퍼 템포렐리 박사
가수 겸 배우, 작가, 라디오 진행자, 음악 교수
현 부산영어방송 진행

추천사

● Ahn Trio (안 트리오)

이 책 원고를 읽어 보았습니다.

고전(classic)과 현대(contemporary) 음악 전공인 우리들이 상당히 재미있게 읽었습니다.

저희가 음악을 하는 사람이어서 그런지, 특히 음악을 만들고 부르는 이들의 이야기가 담긴 Song Story, 가사의 내용과 배경이 담긴 Lyrics Breakdown 등이 매력적인 것 같습니다. 이 외에도 모든 구성들이 재미있고도 효율적으로 짜여진 점 때문에 노래를 흥얼거리며 책을 계속 읽게 됩니다.

이민 온 교포들에게 자원봉사로 영어를 가르치는 우리들 입장에서 팝송과 영어를 한 번에 배울 수 있습니다.(Go for effects of killing two birds with one stone.)

강력하게 추천합니다. 새해 복 많이 받으세요.

2022년 1월
Ahn Trio

한국 출신의 쌍둥이 루시아 안(Lucia Ahn)과 마리아 안(Maria Ahn) 그리고 두 살 어린 동생 안젤라 안(Angella Ahn)으로 구성된 실내악단으로 루시아는 피아노, 마리아는 첼로, 안젤라는 바이올린을 연주한다. 현재까지 미국 50개 주를 비롯하여 한국 등 30여 개 이상의 국가에서 공연하며 6장의 앨범을 냈으며, 『보그』, 『GQ』의 패션화보 모델 및 갭(GAP), 앤클라인, 바디숍의 광고모델로 발탁되기도 하였다. 현재 안젤라는 몬태나주립대 종신교수, 마리아는 할렘예술학교 교수, 루시아는 개인 학원 운영.

- 1979년 5세와 7세의 나이에 '안 트리오' 결성
- 1981년 뉴욕으로 이주
- 줄리아드 음대에서 학사, 석사
- 1987년 미국 『TIME』지 Cover Story에 "아시아의 신동"으로 소개
- 1991년 세계적 권위의 콜먼 콩쿠르에서 우승
- 1998년 독일 에코(Echo) 클래식 음반상
- 2003년 미국 최대 부수 잡지인 『People』지의 '가장 아름다운 50인'에 세 자매가 모두 선정
- 2006년 자체 앨범 프로덕션 L.A.M.P. 설립
- 2011년 오바마 미국대통령 초청으로 방문 중인 이명박 대통령과 같이 백악관 국빈 만찬에서 공연

저자의 말

우리는 항상 여러분이 영어를 배울 때 자신이 좋아하는 방법을 사용하는 것을 강력히 지지해 왔습니다. 교실에서 책과 연필을 붙들고 씨름하면서 공부하는 것보다 즐겁게 취미생활을 하면서 적극적으로 참여하는 것은 어떨까요? 저는 20년 넘게 기타리스트와 가수로 활동해왔기 때문에 제 취미 중 하나는 음악입니다. 그리고 영어를 듣고, 읽고, 말하는 데 상당한 도움이 되므로 팝송으로 공부하는 것은 영어를 배우기 매우 좋은 방법이라고 자신 있게 말할 수 있습니다.

그래서 여느 때처럼 우리의 영어 교재인 **Pure and Simple English**의 새로운 책을 준비하면서 우리가 어떤 부분을 개선할 수 있을지 살펴보기 위해 시장에 나와 있는 책들을 살펴보았습니다. 대부분의 책들이 단순히 가사와 번역을 제시하고 있는데 우리는 노래의 구성이나 스토리를 분석함으로써 가사의 의미를 더 강조하고 싶었습니다. 또한 아티스트들에 대한 인생과 스토리를 알리기를 원했으며, 그들이 왜 그 곡을 만들었는지, 그리고 그것이 영어 가사에 어떤 영향을 미쳤는지 말하고 싶었습니다.

마지막으로, 우리는 아름답고 서정적인 구조를 사용하여 만든 문장을 노래뿐만 아니라, 일상적인 상황에서도 적용할 수 있는 새로운 문장으로 응용함으로써 우리의 목표인 영어 교육으로 다시 돌아오고 싶었습니다. 각 노래 가사의 맥락과 의미를 진정으로 이해함으로써 여러분 자신의 삶과 일상 속에서 영어로 말할 때 유용하게 사용할 수 있는 방식으로 적용하시기를 희망합니다. 또, 독자들의 편의를 위해 이 책에 나오는 노래의 **full playlist**를 2쪽에 하나의 **QR코드**에 실었고, 노래마다 '노래 이야기' 시작 페이지에 **QR코드**를 부착했으니 스마트폰 카메라로 스캔하여 노래를 들어보세요.

경력

- (주)진명출판사 착한 영어 시리즈 저자
- TV 드라마·영화 배우(스윙키즈, 승리호, 나 홀로 그대(Netflix), 남자친구(tvN) 다수 출연)
- The Korea Times, 문화일보, 한국경제 등 언론기사 인터뷰
- TBS, EBS radio 방송 출연
- 코펜하겐 비즈니스 스쿨에서 국제 비즈니스 석사과정 수료

차례

CHAPTER 01 Biggest Pop Hits 최고의 팝 히트곡들

CHAPTER 02 Songs of Love 사랑 노래

Pop music은 popular music의 줄임말입니다. 그래서 이 책의 첫 Chapter (챕터)에서는 지금까지 가장 많이 사랑 받고 가장 인기 있는 히트곡들 중 몇 곡의 노래부터 시작하려고 합니다. 이 노래들은 세계적으로 널리 알려진 '60년대에서 '90년대까지 최고의 클래식 밴드의 노래들로 많은 사람들의 마음 한 켠에 자리하고 있습니다. 여러분 모두가 이 시대를 초월한 최고의 고전적인 노래들을 즐겁게 따라 부르시기를 바랍니다.

popular [pápjulər] 인기 있는
widely [wáidli] 폭넓게

classic [klǽsik] 최고 수준의
heart [hɑːrt] 마음

LESSON 1

California Dreamin'

1965 · by the Mamas and the Papas

SONG STORY

노래 이야기

the Mamas and the Papas(마마스 & 파파스)는 두 명의 남성과 두 명의 여성 line-up(전 멤버)으로 이뤄진 유명한 60년대의 팝 그룹이었습니다. 멋진 보컬 하모니를 자랑하는 그들의 밝고 아름다운 노래들은 언제나 화창한 캘리포니아주를 연상시키기 때문에 그들 최고의 히트곡인 "California Dreamin'"이 뉴욕에서 쓰여졌다는 것은 아마도 아이러니한 일이 아닐 수 없을 것입니다. 1965년 뉴욕에 거주하던 John and Michelle Phillips(존과 미셸 필립스 부부)는 그곳에서 포크 음악인으로서의 삶을 헤쳐 나가려 노력했으나 존은 자신의 어린 아내가 고향 캘리포니아주의 따뜻함을 너무나 그리워하는 모습에 이 노래를 작곡했다고 하는데 이 노래는 다분히 '실화를 바탕으로 한' 곡으로, stopped into a church라는 가사도 이 노래를 작곡하기 며칠 전 부부가 맨해튼의 성 패트릭 대성당을 방문했다는 것을 직접 언급한 것입니다.

재미있는 사실!

귀에 쏙쏙 들어오는 서로 주거니 받거니 하는 노래 가사와 독특한 플루트 솔로 곡은 60년대 청춘들의 상상력을 사로잡았고, 밝은 미래를 찾는 많은 젊은이들이 캘리포니아주로 무리 지어 몰려들었으며, 이는 훗날 **the hippie movement**(히피 운동)으로 이어지게 됩니다. 그러나 이 아름다운 노래의 숨은 뜻은 **the civil rights movement**(미국 민권 운동)와 **the Vietnam War**(베트남 전쟁)를 코앞에 둔 많은 이들이 느끼고 있는 불안감과 불만족을 드러냅니다.

이 노래가 그들의 가장 유명한 곡이지만 마마스 & 파파스는 "California Dreamin'"을 녹음한 첫 번째 밴드는 아니었습니다. 이 노래는 포크 가수인 Barry McGuire(배리 맥과이어)가 최초로 불렸는데 그는 마마스 앤 파파스가 첫 음반 계약을 맺는 데 도움을 준 베테랑 포크 가수였고, 그에게 감사하기 위해 이 그룹은 그가 당시 발표하지 않은 트랙을 녹음하도록 했다고 합니다. 후에 마마스 & 파파스가 그들만의 노래를 만들 때에는 바로 똑같은 **backing track**(배킹 트랙)이 사용되었고, 맥과이어의 독창적인 보컬의 일부는 여전히 배경에서 어렴풋이 들을 수 있습니다.

LYRICS
가사

All the leaves are brown (all the leaves are brown)
And the sky is gray (and the sky is gray)
I've been for a walk (I've been for a walk)
On a winter's day (on a winter's day)
I'd be safe and warm (I'd be safe and warm)
If I was in L.A. (if I was in L.A.)

California dreamin' (California dreamin')
On such a winter's day

Stopped into a church
I passed along the way
Well, I got down on my knees (got down on my knees)
And I pretend to pray (I pretend to pray)
You know the preacher likes the cold (preacher likes the cold)
He knows I'm gonna stay (knows I'm gonna stay)

California dreamin' (California dreamin')
On such a winter's day

나뭇잎이 온통 갈색이고 (나뭇잎이 온통 갈색이고)
그리고 하늘은 잿빛이네요 (그리고 하늘은 잿빛이네요)
어느 겨울날 (어느 겨울날)
난 산책을 나갔어요 (난 산책을 나갔어요)
내가 L.A에 있다면 (내가 L.A에 있다면)
탈 없이 따뜻하게 지낼 텐데요 (탈 없이 따뜻하게 지낼 텐데요)

캘리포니아를 꿈꾸네요 (캘리포니아를 꿈꾸네요)
이렇게 추운 겨울날에

길을 따라 걷다가
어느 교회에 잠시 들어갔어요
난 무릎을 꿇고서 (무릎을 꿇고서)
그리고 난 기도하는 척했어요 (난 기도하는 척했어요)
목사님은 추운 날씨를 좋아하잖아요 (목사님은 추운 날씨를 좋아해요)
그는 내가 머물 것이라는 걸 알아요 (내가 머물 것이라는 걸 알아요)

캘리포니아를 꿈꾸네요 (캘리포니아를 꿈꾸네요)
이렇게 추운 겨울날에

LYRICS
가사

All the leaves are brown (all the leaves are brown)
And the sky is gray (and the sky is gray)
I've been for a walk (I've been for a walk)
On a winter's day (on a winter's day)
If I didn't tell her (if I didn't tell her)
I could leave today (I could leave today)

California dreamin' (California dreamin')
On such a winter's day (California dreamin')
On such a winter's day (California dreamin')
On such a winter's day

 PRONUNCIATION PRACTICE 발음 연습

남녀 가수들이 주거니 받거니 앞뒤로 노래를 부르기 때문에 보컬 라인이 상당히 짧은 편입니다. 다시 말하면 박자를 맞추기 위해서 때때로 어떤 음절을 건너뛰거나 단어를 '잘못 발음'해야 한다는 의미입니다. 또 문법적으로 옳은 과거 시제 형식인 I pretended to pray를 비문법적인 현재 시제 I pretend to pray로 줄여서 발음했습니다.

나뭇잎이 온통 갈색이고 (나뭇잎이 온통 갈색이고)
그리고 하늘은 잿빛이네요 (그리고 하늘은 잿빛이네요)
어느 겨울날 (어느 겨울날)
난 산책을 나갔어요 (난 산책을 나갔어요)
내가 그녀에게 말하지 않았다면 (내가 그녀에게 말하지 않았다면)
난 오늘 떠날 수 있을 텐데요 (난 오늘 떠날 수 있을 텐데요)

캘리포니아를 꿈꾸네요 (캘리포니아를 꿈꾸네요)
이렇게 추운 겨울날에 (캘리포니아를 꿈꾸네요)
이렇게 추운 겨울날에 (캘리포니아를 꿈꾸네요)
이렇게 추운 겨울날에

🎵 WORDS IN THE LYRICS 어휘

- **gray** [grei] 회색의, 잿빛의
- **walk** [wɔːk] 걷기, 산책
- **pass** [pæs] 지나가다
- **pretend** [priténd] ~인 척하다

- **pray** [prei] 기도하다
- **preacher** [príːʧər] 설교자, 목사
- **cold** [koʊld] (날씨의) 추위

LYRICS BREAKDOWN
가사 파헤치기

"California Dreamin'"의 가사는 그림을 그리는 스타일로 쓰여 졌습니다. 늦가을 혹은 초겨울 즈음 뉴욕의 쓸쓸한 잿빛 거리를 걷는 어떤 남자를 상상해봅시다. 이전의 초록이던 나뭇잎들은 이제 '갈색'(brown)으로 변했으며 그리고 하늘은 '잿빛'(gray)이 되었습니다. L.A. 출신인 이 우울한 남자는 '안전하고 따뜻한'(safe and warm) 느낌이 드는 캘리포니아를 꿈꾸며(dreaming of California) 이 노래를 시작합니다.

어느 추운 겨울날 그는 추위를 면하고자 한 교회에 들르게 되는데, 비록 신앙심이 깊지는 않지만 그와 같은 낯선 이들에게는 교회가 초대받을 수 있고 따뜻한 것 같은 유일한 곳이지만 교회 안에서조차 그는 온전히 환영을 받지 못한다고 느낍니다. 그는 그곳에서 '기도하는 척'(pretend to pray)해야 했고, 설교자가 은근히 '추위를 좋아한다'(likes the cold)고 의심하는 것은 추위가 사람들을 교회 안으로 들어오게 하기 때문일 것입니다. 그가 따뜻하고 환영을 받을 것으로 기대했던 곳은 바깥의 잿빛 거리만큼이나 춥습니다. 이 노래는 미국 동해안과 서해안의 대조적인 이미지를 이용하여 우리 꿈의 따스함을 우리 주변의 차가운 잿빛 현실과 대조하고 더 밝은 미래에 대한 갈망을 표현합니다.

 Discussion! 토론하기!

Have you ever been to New York or California? Do you agree with the song's description of these places?

뉴욕이나 캘리포니아주에 가 본 적이 있나요? 이 노래에서 이 장소들을 묘사한 것에 동의하나요?

ENGLISH STRUCTURES
문장 구조

I'd be safe and warm
안전하고 따뜻할 텐데

현재 사실에 대한 반대 상황을 가정하거나 상상하여 어떤 것에 대해 말하고 싶을 때 'If+주어+동사(과거형), 주어+would(could)+동사'(만일 지금 ~이라면, ~일 텐데) 형태를 사용하는데, would는 흔히 I'd나 you'd와 같은 'd 형태를 사용함으로써 대명사와 결합하여 축약됩니다.

> **If I were in L.A., I would be safe and warm.**
> 만약 내가 **L.A.**에 있다면, 나는 안전하고 따뜻할 텐데.
>
> **If I had more money, I'd buy a new car.**
> 돈이 더 있다면 새 차를 살 텐데.

gonna
~할 것이다

이 표현은 미래시제 **going to**의 축약된 형태인데 유사한 예로 **want to**를 축약한 **wanna**, **kind of**를 축약한 **kinda**가 있습니다. 가사를 좀 더 자연스럽고 일상적으로 사용하는 언어에 가깝게 만들기 위해 이런 종류의 축약형을 사용하는 경우가 많습니다.

> **I'm gonna go to the supermarket. Do you want me to buy you something?**
> 나 슈퍼마켓에 갈 건데 뭐 사다 줄까?
>
> **Are you just gonna lie in bed all day? Get up!**
> 종일 침대에 누워만 있을 거니? 일어나!

Apostrophe(아포스트로피)**를 사용하여
단어를 축약하기**

이 노래의 제목에 **dreaming**이 아니라 **dreamin'**이라는 철자를 쓴다는 사실을 알아차렸을 것입니다. 미국식 영어에서 한두 글자나 한 음절을 탈락시킨 후 아포스트로피(')로 대체하여 그 단어가 구어체 영어로 발음되는 방식에 더욱 가깝게 닮게 하는 것은 흔한 방법입니다. 이는 어투가 좀 더 사교적이고 비공식적인 느낌을 들게 하는데 이 책의 다른 노래에서 이런 식으로 사용된 유사한 표현 방법을 볼 수 있습니다. **Singin' in the Rain**(p.130) 그리고 **Blowin' in the Wind**(p.152) 참조

아포스트로피는 영어에서는 다음과 같은 목적으로 쓰입니다.

- 생략 표시: can't(=can not), '95(=1995). ne'er(=never)
- 소유격의 표시: girl's, girls', Jesus'
- 문자나 숫자의 복수 표시: two M.P.'s, three 7's

이렇게 때로 한두 글자가 탈락되는 흔한 단어들을 살펴봅시다.

old → ol'	Do you know the song "Ol' Man River"?
	"Ol' Man River"라는 노래를 아세요?
them → 'em	You know what they say: "If you can't beat 'em, join 'em."
	이런 말이 있지요. "말릴 수 없으니 따르는 수밖에 없다, 이길 수 없거든 합류하라."
about → 'bout	It's 'bout quarter to three now.
	지금 3시 15분 전 정도 되었어.

NOW IT'S YOUR TURN!
네 차례야!

Q 이 노래의 가사 첫 줄에서 연상되는 색깔과 형상을 다음 문장의 빈칸에 적어보세요.

1 All the trees are _____ .

2 I looked out my window, and the clouds were _____ .

3 When the sun sets, the sky is _____ .

4 If you visit Bali, the ocean is _____ and the sand is really _____ .

— 해답 359 page

House of the Rising Sun

1964 · by the Animals

SONG STORY
노래 이야기

미국의 포크송인 "House of the Rising Sun"
은 1964년 영국의 **five-piece**(5인조) 록 그룹 **the
Animals**(애니멀스)가 자신들의 버전을 발표하면서 팝의
고전이 되었습니다. 그러나 원곡은 그 이전에도 이미
오랜 역사를 가지고 있었습니다. 비록 이 노래가 만들
어진 시기와 작자는 알려지지 않았지만 일부 음악 전
문가들은 이 노래의 멜로디가 오랜 세월을 거슬러 올

라가 16세기의 발라드와도 닮았다고 말합니다. 이 노래의 기원이 어떻든 간에 이 오래된 노래에 **electric organ**(전자 오르간)과 기타를 더함으로써 애니멀스는 흔히 세계 최초의 **folk rock**(포크 록) 노래로 여겨지는, 위협과 어둠으로 가득 찬 강력하고 감성적인 트랙을 만들어내게 됩니다.

FUN FACT :)

재미있는 사실!

이 노래의 오리지널 버전은 비도덕적인 생활방식으로 인해 그녀를 감옥으로 가게 했던 한 여성의 관점에서 불려졌습니다. 그런데 애니멀스는 이 버전을 아버지에 이어 알코올 중독과 도박으로 이어지는 한 남성의 관점으로 바꾸었습니다.

LYRICS
가사

There is a house in New Orleans
They call the Rising Sun
And it's been the ruin of many a poor boy
And, God, I know I'm one

My mother was a tailor
She sewed my new blue jeans
My father was a gamblin' man
Down in New Orleans

Now the only thing a gambler needs
Is a suitcase and trunk
And the only time he's satisfied
Is when he's on a drunk

Oh mother, tell your children
Not to do what I have done
Spend your lives in sin and misery
In the House of the Rising Sun

뉴올리언스에 집이 한 채 있어요
사람들은 '떠오르는 해'라고 불러요
많은 불쌍한 소년들이 그곳에서 인생을 망쳤어요
이런, 그래요, 나도 그중의 하나예요

내 어머니는 재단사였고
내게 새 청바지를 만들어 주셨어요
내 아버지는 도박꾼이었어요
뉴올리언스 시내에서

지금 도박꾼에게 필요한 것은
옷가지를 넣을 가방과 트렁크뿐이에요
그리고 그가 만족해하는 순간은
술에 취해 있을 때뿐이에요

아, 어머니, 자식들에게 말해주세요
내가 살았던 것처럼 살지 말라고요
죄와 비참함 속에서 인생을 허비하지 말라고요
해 뜨는 집에서 말예요

LYRICS
가사

I got one foot on the platform
The other foot on the train
I'm goin' back to New Orleans
To wear that ball and chain

Well, there is a house in New Orleans
They call the Rising Sun
And it's been the ruin of many a poor boy
And, God, I know I'm one

 PRONUNCIATION PRACTICE 발음 연습

이 노래는 마치 술집에서 옆자리에 앉은 사람이 살면서 자신이 행한 모든 서투른 결정에 대해 말하는 것처럼 거의 서술적인 스타일로 불립니다. 특히 1절의 끝부분에 있는 God이라는 감탄을 나타내는 말에서 자신의 비참함을 강조하며 저주의 말처럼 자신의 깊은 곳에서 우러나 외치고 있는 것을 알 수 있습니다.

또한 a poor boy에서의 형용사 poor는 '가난한', '불쌍한' 둘 다를 의미합니다.

나는 한쪽 발은 플랫폼에 걸치고
다른 한쪽 발은 기차 위에 있어요
나는 지금 뉴올리언스로 돌아가고 있어요
죗값을 치르기 위해

아무튼, 뉴올리언스에 집이 한 채 있어요
사람들은 떠오르는 해라 불러요
많은 불쌍한 소년들이 그곳에서 인생을 망쳤어요
이런, 그래요, 나도 그중의 하나예요

🎵 WORDS IN THE LYRICS 어휘

- **rise** [raiz] (해·달 등이) 뜨다, 떠오르다
- **ruin** [rú:in] 파멸, 파산
- **God** [gɑd | gɔd] 이런, 맙소사
- **tailor** [téilər] 재단사
- **sew** [sou] 바느질하다, 꿰매다
- **gambling** [gǽmbliŋ] 도박, 노름

- **gambler** [gǽmblər] 도박꾼, 노름꾼
- **suitcase** [sú:tkeis] (슈트를 넣는) 여행 가방
- **trunk** [trʌŋk] 큰 여행 가방, 트렁크
- **drunk** [drʌŋk] 술주정뱅이; 술이 취한 상태
- **misery** [mízəri] 비참함, 참담함
- **ball and chain** (죄인에게 채우던) 족쇄

LYRICS BREAKDOWN
가사 파헤치기

제목부터 이 노래가 신비로운 '집'에 관한 것임을 짐작합니다. 그런데 **the House of the Rising Sun**은 정확히 무엇이며 그리고 어디에 있는 걸까요? 가사를 잘 살펴보고 어떤 단서를 찾을 수 있는지 알아봅니다.

가장 중요한 정보는 바로 첫 줄에 있는데 이 집은 루이지애나주의 **New Orleans**에 위치해 있었다는 것을 말해줍니다. 또한 그곳이 **gamblers**(노름꾼들)을 환영하는 장소인 것 같다는 것도 알고 있습니다. 노름꾼은 옷가지와 소지품을 넣을 **suitcase and trunk**만 들고 돌아다니며 고된 삶을 삽니다. (트렁크는 구식 여행 가방을 말하는데 크기가 크고 상자 모양이었지만 운반하기엔 무거웠기 때문에 이제는 여행에 거의 사용되지 않습니다.)

그 집에 대해 가지고 있는 마지막 단서는 **has been the ruin of many a poor boy**입니다. 이 가사를 요즘 사용하는 영어로 풀어낸다면 그 가수 자신이 그 집에 의해 망쳐진 불쌍한 소년들 중 하나라는 것을 알게 됩니다. **It has ruined many poor boys, and I'm one** (of them) (그것은 많은 가난한 소년들을 망쳤고, 나는 그들 중 하나이다)라는 의미가 됩니다.

the Rising Sun의 정확한 위치와 성격에 대해 많은 논란이 있었지만 뚜렷한 대답은 나오지 않았습니다. 역사학자들은 그곳이 아마도 술집이나 사창가, 혹은 여자들만 수용하는 감옥일 가능성이 가장 높다고 믿고 있습니다. 그곳이 어떤 곳이든 간에 사람들이 이 악한 곳에 가면 그들과 그들의 가족들에게 나쁜 일이 일어나는 것처럼 보입니다.

ENGLISH STRUCTURES
문장 구조

> ### be the ruin of
> ### ~의 파멸의 원인이다

ruin은 명사나 동사로 모두 사용될 수 있으며, 어떤 것을 파멸한다는 의미를 가지고 있습니다.

> 명 **This rumor will be my ruin!** 이 소문은 나의 파멸이 될 것이다!
> 동 **This rumor will ruin me!** 이 소문은 나를 파멸시킬 것이다!

그러나 일반적으로 형용사 형태 **ruined**를 더 많이 사용합니다.

> 형 **My new dress is ruined. You spilled ink on it!**
> 내 새 드레스가 망가졌어. 네가 드레스에 잉크를 쏟았잖아!

> ### on a drunk
> ### 술에 취해 있는

이 표현은 더는 흔하게 사용되지 않는 꽤 오래된 구인데, 대신에 보통 **I'm drunk** (나 취했어)라고 말하며, 이때 **drunk**는 형용사입니다.

> **Jerry is an alcoholic. The only time he's happy is when he's drunk.**
> 제리는 알코올 중독자다. 그가 유일하게 기분 좋을 때는 술에 취해 있을 때다.

(My mother was a tailor.)

이 노래에서 노래하는 이는 그의 어머니와 아버지가 가졌던 직업에 대해 말합니다. **be/is/am** 동사 형태를 사용하여 우리의 직업이나 성격에 대해 말할 수 있습니다. 이 노래에서는 **is**를 사용하여 어머니의 직업(She is a tailor. 그녀는 재단사이다.)과 아버지의 인격상 좋지 않은 특징(He is a gambling man. 그는 도박꾼이다.)을 둘 다 표현합니다. 다음 문장들은 우리가 직업이나 하는 일을 표현하는 방법들입니다.

What's your job?   혹은   **What do you do for a living?**
직업이 뭐예요?   무슨 일을 하세요?

I work as a writer.   혹은   **I'm a writer.**
저는 작가로서 일합니다.   저는 작가입니다.

What do your parents/children do?
부모님/자녀들은 무슨 일을 해요?

My father is a banker.
아버지는 은행원이다.

My daughter is a bus driver.
내 딸은 버스 운전사이다.

그러나 이 노래에서는 주인공의 부모의 직업에 대해 노래할 때 과거시제 **was**가 쓰여졌습니다. 이처럼 과거형의 시제가 쓰여 지면 듣는 이들은 그들의 직업이 과거에 그러했지만 현재는 그 일을 하지 않고 있음을 짐작합니다. 그렇게 과거형 **be**동사를 사용하는 이유는 대개 (a) 다른 직업으로 이직했거나, (b) 은퇴를 했거나, 혹은 이 노래 에서와 같이 (c) 사망했을 경우입니다.

NOW IT'S YOUR TURN!
네 차례야!

Q 가족 구성원들의 직업에 대한 다음의 질문에 답하세요. 그리고 학급의 학생들에게
What does your _____ **do?** 라는 문장을 사용하여 서로 돌아가면서 질문해 봅시
다.

1 My father is/was a _____ .
He _____ .

2 My mother is/was a _____ .
She _____ .

3 My son/daughter is a _____ .
He/She _____ .

4 I am _____ .
I _____ .

— 해답 359 page

Raindrops Keep Falling on My Head

1969 · by B. J. Thomas

SONG STORY
노래 이야기

여러분 중 몇 사람이 가수 **B. J. Thomas**(비 제이 토머스)를 알고 있을까요? 그의 트레이드마크인 노래 **"Raindrops Keep Falling on My Head"**의 첫 소절을 듣는 순간 여러분은 즉시 그의 이름을 기억해낼 수 있을 것입니다. 그렇다면 어떻게 그리 유명하지 않은 가수가 60년대 후반의 가장 유명한 팝 히트곡 중 하나를 손에 거머쥐게 되었을까요?

이 노래는 우선 영화 *Butch Cassidy and the Sundance Kid*(내일을 향해 쏴라)를 위해 만들어진 것이 도움이 되었습니다. **Robert Redford**(로버트 레드퍼드)와 **Paul Newman**(폴 뉴먼)의 유명세에 힘입어 현재 최고의 클래식 영화로 여겨지고 있는 이 영화는, 폴 뉴먼이 멋진 자전거 묘기를 선보이는 장면에서 이 노래가 흘러나오는데 이 곡의 화사한 **ukulele**(우쿨렐레) 선율과 짝을 이뤄 최고의 영화 장면을 연출했습니다.

둘째로, 이 노래는 팝의 장인 **Burt Bacharach**(버트 배커랙)과 작사가 **Hal David**(핼 데이비드)가 만든 곡으

로, 그들은 "Walk on By", "Say a Little Prayer", "Close to You"와 같은 명곡을 만드는 등 당시 그 두 사람의 파트너십은 절정기에 있었습니다.

　무엇이 팝송을 히트곡이 되게 하는지 말하기는 어렵지만 배커랙의 멜로디와 훌륭한 영화, B. J. 토머스의 깊은 감정이 담긴 보컬이 함께 어우러져 묘기를 부린 것 같습니다. 토머스 스스로도 이러한 상황을 짧게 묘사합니다. "나는 적절한 시기에 적절한 곳에 있었고, 배커랙과 데이비드가 그들 최고의 노래를 만들어낸 것 같습니다."

FUN FACT

재미있는 사실!

당시 B. J. 토머스는 그리 인기가 있던 가수가 아니었으므로 그보다 먼저 이 노래에 사인을 한 가수가 있었다는 것은 놀라운 일이 아닙니다. 이 노래는 밥 딜런을 포함한 여러 가수들이 제안을 받았지만 밥 딜런이 이런 이상한 조합의 노래를 부르기는 어려웠을 것입니다. 하지만 토머스는 "Hooked on a Feeling"이라는 곡으로 어느 정도 이름을 알린 후 같은 음반 소속사의 Dionne Warwick(디온 워릭)의 눈에 띄게 됩니다. 워릭은 이미 배커랙 작곡의 히트곡을 많이 부른 유명 가수였으며, 그녀의 추천으로 배커랙이 토머스를 진지하게 고려하게 되었습니다.

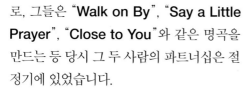

Discussion! 토론하기!

B. J. Thomas is known as one of the most successful "one-hit wonders." What other artists can you think of that only had one major hit?

B. J. 토머스는 단 한 곡으로 성공한 one-hit wonders(한 앨범만 히트한) 가수 중 한 명으로 알려져 있습니다. 단 하나의 히트곡만을 가진 또 다른 아티스트는 누가 있을까요?

LYRICS
가사

Raindrops keep falling on my head
And just like the guy whose feet are too big for his bed
Nothin' seems to fit
Those raindrops are falling on my head
They keep falling

So I just did me some talking to the sun
And I said I didn't like the way
He got things done
Sleeping on the job
Those raindrops are falling on my head
They keep falling

But there's one thing I know
The blues they send to meet me
Won't defeat me
It won't be long till happiness
Steps up to greet me

[Chorus]
Raindrops keep falling on my head
But that doesn't mean my eyes

빗방울이 내 머리 위에 떨어져요
침대에 비해서 발이 너무 큰 남자처럼
아무것도 맞는 게 없는 것 같아요
저 빗방울이 내 머리 위에 떨어져요,
계속 떨어져요

그래서 난 해님에게 몇 마디 얘기했죠
해님이 일을 하는 방식이 마음에 들지
않는다고 말했어요
일을 대충 하고 있다고
저 빗방울이 내 머리 위에 떨어져요,
계속 떨어져요

하지만 내가 아는 게 하나 있어요
빗방울이 나를 우울하게 하려 해도
나를 이길 수 없을 거란 걸
머지않아 행복이 다가와
날 반겨줄 거예요

[후렴]
빗방울이 계속 내 머리 위에 떨어져요
하지만 그렇다고 해서 내 눈이

LYRICS
가사

Will soon be turnin' red
Crying's not for me
'Cause I'm never gonna stop
The rain by complainin'
Because I'm free
Nothing's worrying me

It won't be long till happiness
Steps up to greet me

[Repeat Chorus]

 PRONUNCIATION PRACTICE 발음 연습

이 노래를 부를 때 가장 어려운 부분은 2행에서 3~4행으로 넘어가는 Nothing seems to fit ... those raindrops 부분인데, B. J. 토머스는 이 부분을 오버랩되는 것 같이 부릅니다. 즉, those가 3행의 끝부분인 것처럼 들리지만 실제로는 4행의 시작인 Those raindrops are falling...이라는 것입니다. 그러나 후렴에서 those는 'cause로 바뀌며, 여기서 이 단어는 실제로 2행의 crying's not for me와 3행의 I'm never gonna stop the rain...을 연결하는 접속사의 역할을 합니다.

곧 붉어지지는 않을 거예요
우는 것은 나와 맞지 않아요
왜냐하면 불평한다고 내가
비를 멈추게 할 수 있는 것도 아니거든요
왜냐하면 난 자유로우니까요
아무것도 걱정하지 않아요

머지않아 행복이 다가와
날 반겨줄 거예요

[후렴 반복]

 WORDS IN THE LYRICS 어휘

- **raindrop** [réindrɑp] 빗방울
- **guy** [ɡɑɪ] (특히 젊은) 남자, 사내
- **get things done** 일을 성취시키다, 일을 하다
- **be sleeping on the job** 일을 대충 하다, 게으름을 피우다
- **blues** [bluːz] (the ~) 울적함, 우울함
- **defeat** [difíːt] 좌절시키다, 곤란하게 하다
- **step up** 가까이 오다
- **complain** [kəmpléin] 불평하다, 항의하다
- **'cause** [kəz] because를 약식으로 표현한 것

이 노래는 앞서 학습한 "Singing in the Rain"과 비슷한 분위기와 주제를 가지고 있습니다. 그 노래에서처럼 빗물이나 '빗방울'의 비유는 부정적이거나 우울한 것을 상징하기 위해 사용됩니다. 하지만 진 켈리는 사랑에 빠진 나머지 비가 내리는 것을 알아차리지 못한 반면 이 노래를 부르는 주인공은 확실히 비가 오는 것을 성가시다고 생각합니다. 그는 해님이 자신이 해야 할 일인 태양을 비추는 일을 하지 않는 것을 게으름을 피우는(sleeping on the job) 것이라고 불평하면서 비를 맞는 기분을 마치 불편하게 침대 끝에 발이 걸려 있는 키 큰 남자에 비유합니다. 그렇다면 우리는 아무것도 들어맞지 않는 것 같다(nothing seems to fit)는 불쾌한 감정을 어떻게 극복해야 할까요?

그 답은 because I'm free라고 이 노래의 마지막 부분에서 말합니다. 우리가 자유롭다면 우리를 걱정시킬 수 있는 것은 그 어떤 것도 없으며, 토머스는 그가 긍정적인 마음을 간직한다면 머지않아 행복이 날 반겨주려 나올(steps up to greet me) 것이라는 것을 알고 있습니다. 영화 속에서 마치 Butch Cassidy(부치 캐시디)가 행복을 발견한 것처럼 행복은 그를 찾을 것입니다. 부치는 범죄자의 삶을 버리고 정착하고 싶어하는데 우쿠렐레가 아름답게 연주되며 그가 사랑하는 여인과 자전거를 타던 그 순간 그는 자신에게 필요한 것을 발견하게 됩니다. 그는 자유롭습니다. 비록 그는 잡혀서 수감될 수 있다는 사실을 알고 있지만 지금 이 순간 자신의 삶을 행복하게 만들기 위해 필요한 모든 것을 가지고 있다는 것을 깨닫습니다. 이것은 우리 모두에게 우리가 결코 불만으로 비를 막을 수 없다는 것을 상기시켜주는 것이며, 대신 평안한 마음으로 지금보다 더 화창한 날들을 기다려야 할 것입니다.

ENGLISH STRUCTURES
문장 구조

nothing seems to fit
아무것도 안 맞는 것 같다

fit는 동사와 명사 둘 다 사용되며 매우 다양한 의미로 활용되는데, 문자 그대로 어떤 크기에 맞는다는 의미가 있고 또한 취향이나 스타일 면에서 어떤 것과 잘 어울린다는 더 광범위한 의미로도 사용됩니다.

This hat doesn't fit my head. It's too small.
이 모자는 내 머리에 맞지 않아요. 너무 작네요.

Tom is a great fit for our company. He gets along well with all our employees.
톰은 우리 회사에서 매우 적응을 잘하고 있어요. 그는 회사의 모든 직원들과 잘 어울려 지냅니다.

my eyes will soon be turning red
눈물이 쏟아지려 한다

언제 눈이 빨개지나요? 보통 여러분이 울고 난(cry) 후에 눈이 붉어질 것이고, 비록 슬픔, 알러지, 연기, 또는 다른 어떤 것 때문에 눈물이 나고 눈가가 붉어지겠지만 어쨌든 이 표현은 **cry**와 동의어가 되었습니다.

Rain and Sun
비와 태양

노래에서 비와 태양을 모두 언급하고 있기 때문에 이 노래의 가사 표현을 날씨를 이야기하기 위한 출발점으로 활용하여 공부하도록 합니다. **it**을 주어로 사용하거나 동사와 결합된 **rain**을 사용하여 다음과 같은 방법으로 비에 대한 표현을 할 수 있습니다.

> **It's raining** outside. 밖에 비가 옵니다.
> **The rain is falling** heavily. 비가 매우 많이 내리고 있어요.
> **The rain is pouring** down right now. 지금 비가 쏟아지고 있어요.

태양을 표현하는 경우도 같은 방식으로 접근할 수 있는데, **it**로 날씨의 다양한 표현을 하거나 '**the sun** + 동사' 형태를 사용할 수 있습니다.

> **It's sunny**. 날씨가 화창합니다.
> **The sun is shining**. 햇빛이 쨍합니다.
> **The sun is beating** down over the desert. 태양이 사막을 내리쬐고 있습니다.

마지막으로 **raindrops**나 **sunlight** 같은 명사를 사용하여 다양한 표현을 할 수 있습니다.

> **The raindrops** keep falling on my window pane.
> 빗방울이 창문에 계속 떨어집니다.
> **The sunlight** is pouring through my window.
> 햇살이 창문으로 쏟아져 들어오네요.

NOW IT'S YOUR TURN!
네 차례야!

Q 우울한 기분이 들면 여러분은 무엇을 하시나요? 이번에 학습한 노래를 부른 가수처럼 부정적인 상황에 어떻게 대처하는지 설명하는 아래의 문장들을 채워보세요.

1 On a rainy day, I like to   .

2 When I get the blues, the best thing to do is   .

3 When my eyes start turning red, the best thing to do is   .

4 Instead of complaining, it's better to   .

— 해답 360 page

LESSON 4

Top of the World

1973 · by the Carpenters

SONG STORY

노래 이야기

"Top of the World"는 남매 듀오인 **the Carpenters**(카펜터스)의 70년대 히트곡 중 하나였습니다. 이 노래는 그들의 4집 앨범 *A Song for You*에 수록되어 1970년 "**Close to You**" 이후 그들의 두번째 빌보드 1위가 되었습니다. 원래 카펜터스는 이 노래를 싱글로 내려고는 생각조차 하지 않았지만 컨트리 음악 가수 **Lynn Anderson**(린 앤더슨)이 이 노래의 커버 버전을 발표해 컨트리 음악 차트에서 2위에 오르자 그들은 이 곡이 히트할 잠재력이 있다고 확신했습니다.

신나게 다 함께 부르는 이 노래가 수백만 명의 사람들에게 행복을 가져다주었지만 그 노래는 비극적인 결말로 끝난 이 밴드의 현실을 그대로 반영하지는 못했습니다. 1979년 **Richard Carpenter**(리처드 카펜터)는 **drug addiction**(약물 중독)으로 인해 재활시설에 보내져야만 했고, 1983년 **Karen Carpenter**(카렌 카펜터)는 오

랜 세월 시달린 **anorexia**(거식증)로 인한 심
부전으로 사망했습니다. 이런 안타까운 결
말에도 불구하고 그들의 긍정적이고 밝은
노래들은 전 세계 수백만 명의 얼굴을 계속
해서 미소를 짓게 합니다.

재미있는 사실!

이 노래는 1995년 일본 드라마
Miseinen(미성년)에서 주제곡으로
사용된 이후 특히 일본에서 인기가
높습니다. 이 인기 있는 청춘 드라
마는 카펜터스의 세 곡을 그 드라마
의 주된 테마로 사용했으며, 이 테
마는 세 곡이 일본에서 열광적인 히
트곡들이 되게 했습니다.

LYRICS
가사

Such a feeling's comin' over me
There is wonder in most everything I see
Not a cloud in the sky, got the sun in my eyes
And I won't be surprised if it's a dream

Everything I want the world to be
Is now comin' true especially for me
And the reason is clear, it's because you are here
You're the nearest thing to heaven that I've seen

[Chorus]
I'm on the top of the world lookin' down on creation
And the only explanation I can find
Is the love that I've found ever since you've been around
Your love's put me at the top of the world

Somethin' in the wind has learned my name
And it's tellin' me that things are not the same
In the leaves on the trees, and the touch of the breeze
There's a pleasin' sense of happiness for me

내게 그런 느낌이 드네요
보이는 모든 것들이 경이로워요
하늘엔 구름 한 점 없고, 내 눈엔 태양이 담겨 있어요
이것이 꿈이라고 해도 나는 놀라지 않을 거예요

내가 세상에 바라는 모든 것들이
지금 나를 위해 특별히 이뤄지고 있어요
그 이유는 분명해요, 그건 당신이 여기에 있기 때문이죠
당신은 내가 봐온 것 가운데 천국에 가장 가까운 존재예요

[후렴]
난 세상의 꼭대기에서 천지 만물을 내려다보는 기분이에요
내가 찾을 수 있는 유일한 설명은
당신이 내 주위에 있은 이후로 내가 찾은 사랑이죠
당신의 사랑이 나를 세상의 꼭대기에 올려놓았어요

바람 속의 무언가가 내 이름을 알았어요
그리고 내게 상황이 예전 같지 않다고 말해주고 있어요
나뭇잎과 스치는 산들바람에서
나는 기분 좋은 행복감을 느껴요

LYRICS
가사

There is only one wish on my mind
When this day is through I hope that I will find
That tomorrow will be just the same for you and me
All I need will be mine if you are here

[Repeat Chorus]

[Repeat Chorus]

 PRONUNCIATION PRACTICE 발음 연습

보통 노래는 문장의 마지막에 있는 단어를 사용하여 운(韻)을 맞춥니다. 그러나 이 노래에서는 문장의 끝 단어와 운을 맞춘 문장의 중간 단어인 internal rhyme(인터널 라임)을 많이 볼 수 있습니다(예를 들면, 1절 가사 세 번째 줄에 나오는 sky와 eyes). 이 인터널 라임은 이 노래의 컨트리 리듬과 잘 어울리는 일종의 연결된 '스윙' 느낌을 줍니다.

마음 속에 단 한 가지 소망이 있어요
오늘이 지났을 때 알게 되길 원해요
당신과 내게 내일도 꼭 그대로라는 걸
당신이 여기 있으면 필요한 모든 것들이 다 내 것이 될 거예요

[후렴 반복]

[후렴 반복]

 WORDS IN THE LYRICS 어휘

- **feeling** [fíːliŋ] 감정, 기분, 느낌
- **wonder** [wʌ́ndər] 경이, 경탄
- **reason** [ríːzn] 이유, 까닭, 근거
- **clear** [kliər] 분명한, 확실한
- **nearest** [níərest] 가장 가까운

- **especially** [ispéʃəli, es-] 특별히
- **creation** [kriéiʃən] 천지 만물, 창조물
- **explanation** [èksplənéiʃən] 설명, 해명
- **breeze** [briːz] 미풍, 산들바람
- **pleasing** [plíːziŋ] 기분 좋은, 만족스러운

이 노래는 사랑에 빠진 느낌을 기뻐하는 소박한 사랑 노래입니다. 노래는 다음과 같이 사랑에서 오는 모든 행복의 감정을 나타냅니다.

> **There is wonder in everything I see.**
> 보이는 모든 것에 경이로움이 있어요.
> **There's not a cloud in the sky.**
> 하늘엔 구름 한 점 없네요.
> **I've got the sun in my eyes.**
> 내 눈에 태양이 있어요.
> **There's a pleasing sense of happiness for me.**
> 나는 기분 좋은 행복을 느낍니다.
> **I'm on the top of the world.**
> 세상의 꼭대기에 서 있는 기분이에요.

우리는 이 노래 가사에서 밝고, 화창하고, 따뜻하고, 근심 걱정이 없다는 공통적인 패턴이 있음을 알 수 있습니다. 사실 이 노래에는 **You're the nearest thing to heaven that I've seen**(당신은 내가 봐온 것 가운데 천국에 가장 가까운 존재야)이라는 가사로 강조된 종교적인 축복이 있습니다. 우리가 흔히 우주를 **God's creation**(하나님의 창조물)이라고 말하고, 우주는 하나님이 창조했다고 믿는 사람들을 **creationist**(창조론자)라고 부르기 때문에 창조물을 내려다본다(looking down on creation)는 표현도 약간 종교적인 느낌을 가지고 있습니다. 어찌 보면 마치 이 연인이 천국에서 하나님 옆에 앉아 온 세상을 내려다보고 있는 것 같은 느낌, 실로 성스러운 느낌입니다!

ENGLISH STRUCTURES
문장 구조

> ### especially for me
> ### 특별히 나를 위해

especially(특별하게)라는 부사는 무엇인가가 특정한 사람이나 상황을 위해 이루어졌다는 것을 나타내기 위해 사용됩니다.

> **I made this cake especially for you.**
> 이 케이크는 특별히 너를 위해 만들었어.

> ### such
> ### 이러한, 그러한

한정사 **such**는 적용 범위가 넓기 때문에 사용하기 까다로운 단어일 수 있습니다. 보통 '형용사+명사' 구와 함께 사용됩니다. **Such a feeling is coming over me**(그런 느낌이 나를 감싸고 있다)는 이유를 조금 이해하기 어려운 것은 그것이 어떤 느낌인지 언급되지 않았기 때문입니다. 그러나 가사를 통해 이 가수가 노래하는 그런 감정이 **such a great feeling**(정말 대단한 느낌)이나 더 자세히는 **This kind of great feeling that I am experiencing now**(지금 내가 겪고 있는 이런 멋진 느낌)일 것이라고 추측할 수 있습니다. **such**를 이용하는 몇 가지 다른 예를 살펴봅시다.

> **He is such a great man.** 그는 정말 대단한 사람이야.

> **I can't believe you would say such a mean thing!**
> 네가 그런 비열한 말을 하다니 믿을 수 없어!

> **I've never seen such bad behavior before.** 이런 나쁜 행동은 처음 본다.

(**On top of the world**)
기분이 너무 좋은, 성공에 들떠 있는

이 노래의 제목은 "**Top of the World**"(세상의 꼭대기)인데, 누군가의 기분이 행복하거나, 인생의 절정에 있거나, 혹은 성공한 것을 나타낼 때 위의 **on top of the world**라는 표현을 사용합니다! 다음과 같은 방법으로 사용할 수 있습니다.

> **I'm on top of the world right now.**　난 기분이 너무 좋아.
> **I feel like I'm on top of the world.**　난 기분이 너무 좋아.

영어 표현에는 **being high**(높은)나 **floating in the air**(공중에 떠 있는)란 느낌을 강조하는 행복을 묘사하는 많은 관용구들이 있는데 다음과 같은 표현도 그런 감정을 나타냅니다.

- **walking on air** 너무나 행복한

  Ever since I found out about my promotion, I've been walking on air.
  내가 승진했다는 사실을 알아낸 이후로 난 기분이 너무 좋아.

- **jumping for joy** 기뻐 날뛰는

  If we manage to win today's game, I'll be jumping for joy.
  오늘 경기에서 우리가 어떻게든 이긴다면 나는 기뻐 날뛸 것이다.

- **over the moon** 너무 황홀한

  My mom was over the moon when we told her she was going to be a grandmother.
  곧 할머니가 될 것이라고 우리가 엄마께 말씀드리자 엄마는 엄청 기뻐하셨다.

NOW IT'S YOUR TURN!
네 차례야!

Q 앞서 배운 들뜬 감정을 나타내는 표현을 사용하여 자신의 행복한 감정을 나타내는 몇 문장을 만들어보세요.

1 When ＿＿＿＿＿＿＿＿＿＿＿＿, I feel on top of the world!

2 I was over the moon when ＿＿＿＿＿＿＿＿＿＿＿＿.

3 Ever since ＿＿＿＿＿＿＿＿, I've been walking on air.

4 이 노래 "**Top of the World**"에서 아래 '인터널 라임'과 일치하는 단어를 모두 찾아보세요.

eye → ＿＿＿＿＿＿＿   here → ＿＿＿＿＿＿＿

creation → ＿＿＿＿＿＿＿   around → ＿＿＿＿＿＿＿

trees → ＿＿＿＿＿＿＿   me → ＿＿＿＿＿＿＿

— 해답 360 page

ROUNDUP
마무리하기

---

1. 아래 노래들의 가사를 기억하나요? 빈칸을 채워 가사를 완성하세요.

(A) **Stopped into a church** ⬜ ⬜ ⬜ ⬜ ⬜ .

(B) **I'm going back to New Orleans** ⬜ ⬜ ⬜ ⬜
⬜ .

(C) **The blues they send to meet me** ⬜ ⬜ ⬜ .

(D) **Is the love that I've found** ⬜ ⬜ ⬜ ⬜ ⬜ .

2. Rhyme(운)이 서로 맞는 단어끼리 이어보세요.

clear	•	• day
leaving	•	• defeat
L.A.	•	• New Orleans
jeans	•	• grieving
meet	•	• explanation
creation	•	• here

— 해답 361 page

02

Songs of Love 사랑 노래

There's probably no better form of pop music than the love song. Whether it's a sincere, slow-paced ballad like "How Do I Live" or an exuberant up-tempo celebration of love like "Can't Take My Eyes Off You," these songs will teach you some great ways to express your feelings for the loved ones in your life.

아마 사랑 노래보다 더 좋은 대중음악은 없을 것입니다. "How Do I Live"와 같은 진심 어린 사랑의 느린 발라드 곡이든, "Can't Take My Eyes Off You"와 같은 활기 넘치는 빠른 템포의 사랑의 축하곡이든 이 노래들은 여러분의 삶에서 느끼는 사랑하는 사람에 대한 마음을 표현할 수 있는 좋은 방법들을 가르쳐 줄 것입니다.

probably [prábəbli] 아마
celebration [sèləbréiʃən] 축하 행사

up-tempo [ʌptémpou] 빠른 템포의
exuberant [igzú:bərənt] 활기 넘치는

I Just Called to Say I Love You

1984 · by Stevie Wonder

SONG STORY

노래 이야기

이 챕터의 시작으로 음악계의 거장 **Stevie Wonder**(스티비 원더)의 무수히 많은 히트곡 중 하나를 살펴볼 것입니다. 신동으로 활동을 시작한 어린 스티비는 불과 11살의 나이에 **TV**에 출연해 앞이 보이지 않는 장애를 갖고도 경이로운 노래와 하모니카 연주를 하여 관객을 놀라게 했습니다.

이 어린 소년이 성장하여 "**Superstition**", "**You Are the Sunshine of My Life**" 그리고 이 챕터에서 살펴볼 "**I Just Called to Say I Love You**"와 같은 세련된 팝 히트곡을 만들 것이라고는 누구도 예상치 못했을 것입니다. 이 노래는 1984년 **Gene Wilder**(진 와일더)의 로맨틱 코미디 영화 *The Woman in Red*의 사운드트랙으로 스티비 원더가 작사 · 작곡, 제작, 노래한 곡으로, **Golden Globe**(골든 글로브)와 **Academy Award for Best Original Song**(아카데미 주제가상)을 모두 수상할 정도로 대단한 인기를 끌었습니다.

LYRICS
가사

No New Year's Day to celebrate
No chocolate covered candy hearts to give away
No first of spring, no song to sing
In fact it's just another ordinary day

No April rain, no flowers bloom
No wedding Saturday within the month of June
But what it is, is something true
Made up of these three words that I must say to you

I just called to say I love you
I just called to say how much I care
I just called to say I love you
And I mean it from the bottom of my heart

No summer's high, no warm July
No harvest moon to light one tender August night
No autumn breeze, no falling leaves
Not even time for birds to fly to southern skies

축하할 새해 첫날도 아니에요
당신에게 줄 초콜릿 덮인 하트 모양 사탕이 있는 것도 아니에요
봄의 시작도 아니고, 불러줄 노래가 있는 것도 아니에요
사실 그냥 평범한 또 하루일 뿐이에요

4월의 비도 내리지 않고, 꽃이 피는 것도 아니에요
결혼식이 있는 6월의 토요일도 아니에요
하지만 내가 하는 말은 진실한 것인데
당신에게 꼭 말해야 할 이것은 세 단어로 이뤄져 있거든요

그냥 당신을 사랑한다 말하려고 전화했어요
그냥 당신을 얼마나 걱정하는지 말하려고 전화했어요
그냥 당신을 사랑한다 말하려고 전화했어요
그리고 그것은 내 마음의 깊은 곳에서 나오는 진심이에요

한여름도 아니고, 따뜻한 7월도 아니에요
다정한 8월 밤을 비추는 보름달도 아니에요
가을의 산들바람이 부는 것도 아니고, 낙엽이 떨어지는 것도 아니에요
새들이 남쪽 하늘로 날아가는 때는 더욱 아니에요

LYRICS
가사

No Libra sun, no Halloween
No giving thanks to all the Christmas joy you bring
But what it is, though old so new
To fill your heart like no three words could ever do

I just called to say I love you
I just called to say how much I care, I do
I just called to say I love you
And I mean it from the bottom of my heart

I just called to say I love you
I just called to say how much I care, I do
I just called to say I love you
And I mean it from the bottom of my heart, of my heart, of my he

 PRONUNCIATION PRACTICE 발음 연습

이 노래 가사는 문법적으로 정확하지 않은 문장들이 많으므로 이해하기가 상당히 어려울 수 있습니다. 예를 들면 이 노래의 대부분의 형태를 이루고 있는 **No** 구문은 다음과 같이 (There is) no New Year's Day, (There are) no chocolate-covered candy hearts 등으로 이루어져야 합니다. 이렇듯 문장 시작에 There is나 There are가 생략이 되었으므로 이 점을 염두에 두도록 합니다.
시적 허용으로 줄였는데 (There are) no weddings on Saturdays within...으로 복수형이 돼야 합니다. 하지만 이렇게 되면 당연히 노래하기가 쉽지 않을 텐데 이것이 스티비 원더가 노래를 만들 때 가장 신경을 쓴 부분이기도 합니다.

해가 천칭자리에 가 있는 것도 아니고, 핼러윈도 아니에요
크리스마스 날 당신이 주는 기쁨에 감사하려는 것도 아니에요
하지만 내가 하는 말은 뻔하지만 아주 새로운 것인데
그건 다른 어떤 세 단어보다 당신 마음을 채워드리려고 한 말이거든요

그냥 당신을 사랑한다 말하려고 전화했어요
그냥 당신을 얼마나 걱정하는지 말하려고 전화했어요
그냥 당신을 사랑한다 말하려고 전화했어요
그리고 그것은 내 마음의 깊은 곳에서 나오는 진심이에요

그냥 당신을 사랑한다 말하려고 전화했어요
그냥 당신을 얼마나 걱정하는지 말하려고 전화했어요
그냥 당신을 사랑한다 말하려고 전화했어요
그리고 그것은 내 마음의, 내 마음의, 내 마음의 깊은 곳에서 나오는 진심이에요

 ## WORDS IN THE LYRICS 어휘

- **celebrate** [séləbrèit] 축하하다, 기리다
- **candy hearts** [kǽndi hɑːrts] 발렌타인 데이에 보통 선물로 주는 작은 하트 모양의 사탕
- **ordinary** [ɔ́ːrdənèri] 보통의, 일상적인, 평범한
- **bloom** [bluːm] 꽃을 피우다
- **bottom** [bάtəm] 바닥, 아랫부분

- **tender** [téndər] 상냥한, 부드러운
- **breeze** [briːz] 산들바람, 미풍
- **Libra** [láibrə] 천칭자리(9월 22일~10월 23일에 해당)
- **Halloween** [hæ̀ləwíːn] 핼러윈(10월 31일 밤, 아이들이 분장을 하고 이웃을 돌아다니며 사탕을 받음)

LYRICS
BREAKDOWN
가사 파헤치기

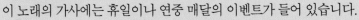

이 노래의 가사에는 휴일이나 연중 매달의 이벤트가 들어 있습니다.

- **January** (1월): **New Year's Day**(설날, 새해의 첫 날)
- **February** (2월): **Valentine's Day**(발렌타인 데이)에 사랑하는 사람에게 초콜릿을 입힌 **candy hearts** (하트 모양의 사탕)을 전합니다.
- **March** (3월): **first of spring**(봄의 시작). 3월 21일에 해당하는 춘분.
- **April and May** (4월과 5월): **April rain, flowers bloom**(4월의 비로 꽃이 핍니다). 이 가사는 **April showers bring May flowers.**(4월의 소나기는 5월의 꽃을 부릅니다.)라는 옛 표현에 바탕을 두고 있습니다.
- **June** (6월): 6월은 결혼식을 치르기에 가장 인기 있는 달인데, 로마신화의 결혼의 여신이 **Juno**였다는 이야기가 있습니다. 그녀를 기리기 위해 결혼과 출산을 축하하는 축제가 6월 1일에 열립니다.
- **July** (7월): 7월은 보통 기온이 가장 높은 더운 달입니다.
- **August** (8월): 매년 달의 주기를 통해 뜨는 다양한 보름달들은 모두 다른 이름을 가지고 있습니다. **harvest moon**(중추의 보름달)은 추분과 때를 같이하여 가을에 뜨는데, 저녁 일찍 떠서 그 밝은 빛은 여름 농작물을 수확하는(harvesting) 농부들의 밤을 밝히는 데 도움이 되었습니다. 그러나 여기서 스티비는 가벼운 실수를 하는데 **harvest moon**은 보통 9월이나 10월에 뜨기 때문에 전통적으로 8월과는 관련이 없습니다.
- **September** (9월): **Libra sun**(천칭자리의 태양). 이것은 9월 23일경 태양이 천칭자리 방향으로 들어가는 점성술에 관한 것입니다.
- **October** (10월): 10월 31일 밤에 **Halloween**(핼로윈)이 있습니다.
- **November** (11월): **giving thanks**(감사의 표시). 11월 네 번째 주 목요일인 미국의 **Thanksgiving**(추수감사절)을 일컫습니다.
- **December** (12월): **Christmas joy**(12월 25일에 크리스마스의 기쁨).

이 모든 휴일을 언급하면서 스티비는 우리에게 무슨 말이 하고 싶은 것일까요? 간단히 말하면 오늘은 특별한 날은 아니지만 그래도 상대에게 전화를 걸어 **I love you**라는 '세 단어'를 말하고 싶었다는 뜻입니다.

ENGLISH STRUCTURES
문장 구조

---

from the bottom of my heart
마음속 깊은 곳에서부터, 진심으로

우리의 애정이 '마음에서부터 우러나며' 진실하다는 것을 보여주기 위해 덧붙여 사용하는 표현입니다.

I mean that from the bottom of my heart.
진심으로 하는 말입니다.

I care for you from the bottom of my heart.
나는 당신을 진심으로 사랑합니다.

I just called
그냥 전화했어

전화 통화를 할 때 상대에게 전화를 건 이유를 말할 경우 사용하는 일반적인 문구로, **just**라는 단어를 더함으로써 그 통화에 특별한 이유가 있거나 심각한 것이 아님을 알리고 있습니다.

I just called to say hello.
그냥 인사하려고 전화한 거예요.

I just called to hear how you were doing.
그냥 네가 어떻게 지내는지 듣고 싶어서 전화한 거야.

I just called to ask you for some advice.
네 조언을 좀 구하려고 전화했어.

Celebrate
축하하다

이 노래는 다양한 달과 휴일 그리고 우리가 그 날들을 '기념하고 축하'하는 방법에 관한 것입니다. 그리고 **celebrate**라는 동사를 사용하여 어떤 특별한 사건을 **parties**(파티), **speeches**(연설), **parades**(퍼레이드) 또는 유사한 재미있는 활동으로 어떻게 표현하는지 이야기합니다.

> I'm going to have a party next week to celebrate my birthday.
> 나는 다음 주에 내 생일을 축하하기 위해 파티를 할 거야.

> How did you and your wife celebrate your anniversary?
> 당신과 당신의 아내는 어떻게 결혼기념일을 축하했나요?

또한 **celebration**(축하)이라는 명사를 사용하여 어떤 것을 축하하기 위한 모임이나 행사에 대해 말할 수 있습니다.

> There was a huge celebration at the hotel on New Year's Eve.
> 새해 전야에 그 호텔에서 성대한 축하 파티가 있었다.

다만 **celebrate**는 분명히 긍정적이며 축하하는 함축적 의미를 지니고 있으므로, 크게 즐겁거나 기쁜 일을 말하는 것이 아니라면 **commemorate**(기념하다)와 같은 다른 동사나 **memorial**(추모)과 같은 명사를 사용하는 것이 좋겠습니다.

> We should commemorate the victory of the Allied forces.
> 우리는 연합군의 승리를 기념해야 한다.

> There will be a memorial for the death of my father.
> 아버지의 죽음을 기리는 행사가 있을 것이다.

NOW IT'S YOUR TURN!
네 차례야!

Q 여러분은 다양한 달을 어떤 단어나 이벤트와 연관시키나요? 어떤 음식, 사람, 행사나 색깔을 생각나게 하나요? 아래의 달에 적용할 수 있다고 생각되는 단어 한 개를 쓰세요. (마지막 두 달은 여러분이 생각한 달로 써보세요.)

1 January:

2 April:

3 May:

4 August:

5 October:

6 November:

7 :

8 :

— 해답 362 page

How Do I Live

1997 · by LeAnn Rimes

**SONG
STORY**

노래 이야기

이 감미로운 사랑 노래는 1997년에 발매되었을 때 당시 14살이었던 **LeAnn Rimes**(리앤 라임스)가 음악 경력을 쌓아가는 데 도움을 주었습니다. 하지만 그녀는 자신의 경력 중 가장 큰 히트를 기록할 기회를 놓칠 뻔했습니다.

이 노래는 90년대의 히트 발라드인 **Céline Dion**(셀린 디옹)이 부른 "**Because You Loved Me**"와 **Aerosmith**(에어로스미스)가 부른 "**Don't Want to Miss a Thing**"을 만든 유명한 작사가 · 작곡가 **Diane Warren**(다이앤 워런)이 만든 곡입니다. 그녀는 곧 개봉될 영화 *Con Air*(콘 에어)의 사운드 트랙을 위해 싱글 곡을 써달라는 요청을 받았고, 그녀가 선호하는 가수인 리앤 라임스를 염두에 두고 이 발라드를 작곡했습니다. 그러나 영화 제작자들은 라임스가 당시 14세였기 때문에 노래의 내용과 의미를 제대로 전달하기에는 너무 어리다고 생각했고, 베테랑 컨트리 음악 가수인 **Trisha Yearwood**(트리샤 이어우드)에게 이 영화에 삽입된 곡의

버전을 다시 녹음해 달라고 요청했습니다.

이 사실을 알게 된 워런은 라임스의 아버지이자 매니저인 **Wilbur Rimes**(윌버 라임스)를 접촉해 어떻게든 먼저 싱글로 리앤 라임스의 버전을 발매하라고 권유했습니다. 리앤의 버전 **"How Do I Live"**는 빌보드 최장수 싱글이 되는 신기록을 세울 정도로 인기가 높았고, 차트에서도 69주나 머물러 결국 다이앤 워런의 생각이 옳았다는 것이 입증이 되었습니다. 워런은 그 상황을 이렇게 요약합니다.

> "Trisha had a massive career, but LeAnn's version exploded. It was everywhere. I figured she had a better shot at crossing over into pop, and my prediction was right."
>
> (트리샤는 엄청난 경력이 있었지만, 리앤의 버전은 폭발적으로 증가했습니다. 그녀의 노래는 곳곳에서 들렸어요. 나는 그녀가 팝 분야로 전향하는 게 낫다고 생각했고 나의 예상이 옳았습니다.)

FUN FACT :)

재미있는 사실!

1998년 그래미상 시상식에서 라임스와 이어우드의 곡 버전 모두 **Best Female Country Vocal Performance**(최우수 여성 컨트리 보컬 퍼포먼스) 후보에 올랐습니다. 이는 역사상 처음으로 두 명의 아티스트가 같은 부문에서 같은 곡에 후보로 오른 것입니다.

LYRICS
가사

How do I get through one night without you?
If I had to live without you
What kinda life would that be?
Oh, I need you in my arms, need you to hold
You're my world, my heart, my soul

If you ever leave
Baby you would take away
Everything good in my life
And tell me now

[Chorus]
How do I live without you?
I want to know
How do I breathe without you?
If you ever go
How do I ever, ever survive?
How do I, how do I, oh, how do I live?

Without you
There would be no sun in my sky
There would be no love in my life
There'd be no world left for me

And I, baby, I don't know what I would do
I'd be lost if I lost you

당신 없이 단 하룻밤이라도 어떻게 견뎌낼 수 있을까요?
당신 없이 살아가야 한다면
그게 무슨 삶이겠어요?
아, 나는 당신을 내 품에 안기를, 당신이 나를 품어주기를 원해요
당신은 나의 세계, 나의 심장, 나의 영혼

당신이 언젠가 떠난다면
내 삶의 선한 것을 모두
앗아가는 거예요
그러니 지금 말해 주세요

[후렴]
당신 없이 나는 어떻게 살아갈까요?
알고 싶어요
당신 없이 내가 어떻게 숨을 쉴 수 있나요?
당신이 언젠가 떠난다면
내가 어떻게 잘 이겨낼 수 있을까요?
어떻게, 어떻게, 아, 난 어떻게 살아야 하나요?

당신이 없다면
내 하늘엔 태양도 없을 것이고
내 삶엔 사랑도 없을 거예요
내게 남겨진 세상은 없을 거예요

그러니 그대여, 나는 어떻게 해야 할지 모르겠어요
당신을 잃는다면 나는 삶의 길을 잃게 되겠죠

LYRICS
가사

If you ever leave
Baby you would take away
Everything real in my life
And tell me now

[Repeat Chorus]

Please tell me baby how do I go on
If you ever leave
Baby you would take away everything
Need you with me
Baby don't you know that you are
Everything good in my life
And tell me now

[Repeat Chorus]

How do I live without you?
How do I live without you, baby?
How do I live without you?

 PRONUNCIATION PRACTICE 발음 연습

이 노래는 문장의 구조가 마치 물 흐르듯 이어져 문장의 정확한 시작과 끝을 찾기가 쉽지 않습니다. 예를 들어, You're my world, my heart, my soul이라는 가사는 if you ever leave 문장으로 바로 이어지기 때문에 비록 그 노래 구절들이 멜로디로 다르게 느껴지더라도 그 부분들은 하나의 연속적인 문장으로 노래해야 합니다.

당신이 언젠가 떠난다면
그대여 당신은 내 삶의 진실한 것을 모두
앗아가는 거예요
그러니 지금 내게 말해주세요

[후렴 반복]

제발 말해 줘요 그대여, 어떻게 내가 버틸 수 있는지
당신이 언젠가 떠난다면
그대여 당신은 모든 걸 빼앗아 가는 거예요
당신은 나와 함께 있어야만 해요
모르겠어요?
당신은 내 삶의 선한 모든 것이란 걸
그러니 지금 말해줘요

[후렴 반복]

당신 없이 나는 어떻게 살아갈까요?
당신 없이 나는 어떻게 살아갈까요, 그대여?
당신 없이 나는 어떻게 살아갈까요?

🎵 WORDS IN THE LYRICS 어휘

- **get through** (힘든 시기·경험 등을) 견뎌 내다
- **heart** [hɑːrt] 마음, 감정
- **soul** [soul] 영혼
- **leave** [liːv] 떠나다, 두고 가다
- **breathe** [briːð] 호흡하다, 숨을 쉬다
- **survive** [sərváiv] (위기·어려움 등에서) 잘 이겨내다

LYRICS
BREAKDOWN
가사 파헤치기

이 노래의 주제는 후렴에서 알 수 있듯 사랑하는 사람이 없는 세상을 상상하는 **How do I live without you?** (당신 없이 내가 어떻게 살 수 있을까요?) 라고 요약됩니다.

노래를 부르는 동안 계속해서 **How do I get through one night without you?** (당신 없이 하룻밤을 어떻게 버텨낼 수 있을까요?) 그리고 **What kinda life would that be?** (그게 무슨 삶이겠어요?) 등의 질문을 던지는 이 곡은 결국 **If you ever leave, you would take away everything good in my life.** (당신이 나를 떠난다면 내 삶의 모든 선한 것들을 앗아가는 거예요.)라고 결론을 내립니다. 이 상황은 너무 심각한 나머지 심지어 내 하늘엔 태양도 없을(no sun in my sky) 것이고, 내 삶에 사랑도 없을(no love in my life) 것이고, 내게 남겨진 세상도 없을(no world left for me) 것이라는 지경에 이릅니다.

또한 노래를 부르는 내내 **my world**(나의 세계), **my heart**(나의 심장) 그리고 **my soul**(나의 영혼)과 같은 사랑스러운 단어들을 부르며 연인에게 찬사를 보냅니다. 이는 사랑하는 연인에 대한 작은 고마움의 표현이며 얼마나 그 연인을 사랑하고 의지하는지 마음을 나타낸 것입니다. 사랑하는 그 연인이 곁에 없다면 세상을 이겨낼(survive) 수가 없기에….

ENGLISH STRUCTURES
문장 구조

> ### How do I ~?
> ### 어떻게 ~하나요?

후렴은 'How do I + 동사~?'의 형태로 구성됩니다. 이 노래에는 live, breathe, survive와 같은 동사가 사용되었는데 이 형태를 사용하여 일상적으로 쓰는 문장을 만들 수 있습니다.

How do I download this file?
이 파일을 어떻게 내려 받나요?

How do I get to your house?
네 집에 어떻게 가야 하니?

The air conditioning is not working. How do I turn it on?
에어컨이 작동을 하지 않아요. 어떻게 켜야 하나요?

> ### live without
> ### ~없이 살아가다

때때로 중독에 가까울 정도로 무언가가 정말로 중요하다는 것을 보여줄 때 can't live without(~없이는 살 수 없다)이라는 표현을 사용합니다.

I can't live without chocolate. I eat it every day.
저는 초콜릿 없이는 못 살아요. 매일 그걸 먹어요.

I can't live without my cellphone. I don't know what I'd do without it.
저는 휴대폰 없이는 못 살아요. 그것이 없다면 무엇을 할 수 있을지 모르겠어요.

If 를 사용한 문장

(a) 다른 행동의 결과로 발생하는 어떤 것에 대해 말하기 위해 (현실적 조건), 또는 (b) 어떤 일이 일어났을 때 결과를 상상하는 문장을 말하려고(비현실적 조건) if를 사용하여 질문을 합니다.

첫 번째 경우, 현재시제 동사와 미래형 **will**의 형태를 사용하여 우리가 무언가를 하면 일어날 일에 대해 이야기합니다.

> **If** I am late, my boss will get angry.
> 내가 늦으면 우리 사장님이 화를 낼 거야.

두 번째 경우 사실일 수도 있고 혹은 아닐 수도 있는 것을 상상하여 표현하기 위해 미래를 나타내는 **will** 대신 **would, could** 또는 **might**와 같은 조동사를 사용하며, 이런 문장 형태를 사용하여 다양한 시나리오에 대해 어떤 일이 일어날 수 있을지 추측합니다.

> **If** you ever leave → you would take away everything good in my life.
> 당신이 언젠가 떠난다면 → 당신은 내 삶에서 선한 것을 모두 앗아갈 것입니다.

한편 다음과 같은 문장 형태를 사용하여 생각하는 실험을 하고, 무언가 변화할 경우 어떤 삶을 살게 될지를 상상합니다.

> **If** I won the lottery, I would buy a new house.
> 만약 내가 복권에 당첨된다면 새 집을 한 채 살 텐데.

> **If** I had to move to another country, I would live in Mexico.
> 만약 내가 다른 나라로 이사를 간다면 멕시코에서 살 텐데.

> **If** I could speak English better, I would travel more by myself.
> 내가 영어로 말을 더 잘 할 수 있다면 혼자서 여행을 더 다닐 텐데.

NOW IT'S YOUR TURN!
네 차례야!

1 How do I ~?의 문장 형태를 사용하여 문장을 만들어 봅시다.

A: ?

B: .

2 이번엔 여러분이 상상하는 것을 보여주기 위해 'if(만약)'를 사용한 두 개의 문장을 만들어 봅시다.

A: ?

B: .

— 해답 362 page

LESSON 3

Can't Take My Eyes Off You

1967 · by Frankie Valli

SONG STORY
노래 이야기

이 노래는 보컬 그룹 **the Four Seasons**(포 시즌스)의 **lead singer**(리드 싱어, 리드 보컬이라고도 하며 노래의 메인 보컬을 담당하는 음악 그룹의 가수)인 **Frankie Valli**(프랭키 밸리)의 첫 번째 솔로 히트곡이었습니다. 그 그룹의 다른 멤버들과 함께 프랭키 밸리는 그의 상징인 고음의 가성으로 부른 "**Walk Like a Man**", "**Sherry**", "**Big Girls Don't Cry**"와 같은 중요한 곡들을 중심으로 60년대

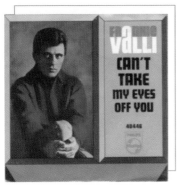

초반 내내 많은 히트곡을 냈습니다. 하지만 적어도 이 노래는 그의 보컬이 정말로 폭발적인 후렴이 나오기 전까지 더 원숙하고 로맨틱한 분위기의 솔로 가수로서의 모습을 보여줍니다. 포 시즌스의 밴드 동료인 **Bob Crewe**(밥 크루)와 **Bob Gaudio**(밥 가우디오)가 쓴 이 음반은 1967년 싱글로 발매되었을 때 밸리에게 **gold record**(골드 레코드)를 안겨주었습니다. 밴드의 경력과 음악을 바탕으로 한 내용의 브로드웨이 뮤지컬 *Jersey Boys*(저지 보이스)의 소재로도 사용되었습니다.

재미있는 사실!

비록 이 노래는 빌보드 차트 1위(2위가 이 노래의 최고 순위)에 오른 적은 없지만 그 이후 많은 영화와 노래 그리고 광고에 사용되며 지속적인 명성을 얻고 있습니다. 이 노래는 200번 이상 remake(리메이크) 되었는데 아마도 1999년 영화 *Ten Things I Hate About You*에서 젊은 Heath Ledger(히스 레저)에 의해 리메이크된 것이 가장 유명할 것입니다. 이 노래는 2008년 NASA(나사, 미국항공우주국)가 STS-126 우주왕복선에 승선하여 연주했기 때문에 우주에 다녀온 노래이기도 합니다.

LYRICS
가사

[Verse 1]
You're just too good to be true
Can't take my eyes off you
You'd be like heaven to touch
I wanna hold you so much
At long last love has arrived
And I thank God I'm alive
You're just too good to be true
Can't take my eyes off you

[Verse 2]
Pardon the way that I stare
There's nothing else to compare
The sight of you leaves me weak
There are no words left to speak
But if you feel like I feel
Please let me know that it's real
You're just too good to be true
Can't take my eyes off you

[1절]
당신은 믿을 수 없을 만큼 아름다워서
당신에게서 눈을 뗄 수가 없어요
당신은 마치 손 닿을 듯한 천국과도 같아서
당신을 꼭 안고 싶어요
마침내 사랑이 찾아왔어요
그래서 내가 살아있음을 하나님께 감사해요
당신은 믿을 수 없을 만큼 아름다워서
당신에게서 눈을 뗄 수가 없어요

[2절]
이렇게 빤히 쳐다봐서 미안해요
세상에 당신과 비교할 만한 게 없어요
당신을 바라보고 있으면 내가 무력해져요
뭐라고 더 표현할 말이 없어요
당신도 나와 같이 느낀다면
이게 꿈이 아니라고 말해주세요
당신은 믿을 수 없을 만큼 아름다워서
당신에게서 눈을 뗄 수가 없어요

LYRICS
가사

[Chorus]
I love you, baby, and if it's quite all right
I need you, baby, to warm the lonely nights
I love you, baby, trust in me when I say:
Oh, pretty baby, don't bring me down I pray
Oh, pretty baby, now that I've found you stay
And let me love you, baby, let me love you

[Repeat Verse 1]

[Repeat Chorus]

 PRONUNCIATION PRACTICE 발음 연습

이 노래는 A–A–B–B–C–C 패턴을 따르는 ending rhyme(엔딩 라임)으로 이루어진 노래로, 끝부분을 짧게 끊어 노래할지(예: true, 1음절), 더 멋을 부려서 다중 음절 단어(tru-ue, 2음절)로 길게 늘리며 노래할지 선택할 수 있습니다. 둘 중 어떤 경우를 선택한다고 해도 이 노래는 처음 두 절이 물 흐르듯 거의 말하는 듯한 리듬으로 부를 때 확실히 가장 멋있게 들리니 멜로디가 정박자에서 조금 벗어나게 노래하더라도 상관없을 것입니다. 그러니 후렴이 들려오면 힘차게 노래할 준비를 하세요!

[후렴]
당신을 사랑해요, 그대여, 그리고 괜찮다면
외로운 밤을 데워줄 당신이 필요해요
당신을 사랑해요, 이 말은 진심이에요
아, 어여쁜 그대여, 나를 실망시키지 말아 줘요, 제발
아, 어여쁜 그대여, 당신을 찾았으니 내 곁에 머물러 줘요
당신을 사랑하게 해주세요, 그대여, 당신을 사랑하게 해주세요

[1절 반복]

[후렴 반복]

 ## WORDS IN THE LYRICS 어휘

- **touch** [tʌtʃ] (손 등으로) 만지다, (손 등을) 대다
- **at long last** 마침내
- **arrive** [əráiv] 도착하다, 오다
- **pardon** [pɑ́:rdn] (~에 대해) ~를 용서하다
- **stare** [stɛər] 빤히 쳐다보다, 응시하다

- **compare** [kəmpɛ́ər] 비교하다, 비유하다
- **sight** [sait] (눈으로) 봄, 보기
- **leave someone weak** ~를 무력하게 하다
- **lonely** [lóunli] 외로운, 고독한

앞서 언급했듯이 노래의 절들은 짧은 운이 있는 문장의 쌍으로 만들어졌지만 솔직히 말하자면 그 문장들에 더 깊은 의미는 없습니다. 하지만 **I wanna hold you**(당신을 안고 싶어요)나 **there's nothing else to compare**(비교할 다른 것이 없어요)와 같은 일반적인 사랑의 표현을 연습하는 것은 좋은 방법입니다.

이 노래는 명백한 사랑 노래이지만 두 사람의 정확한 관계는 다소 혼란스러운 면이 있습니다. 가수의 격정적인 사랑의 맹세는 그들이 연인임을 은연중에 풍기는 듯하지만 **You'd be like heaven to touch, I want to hold you so much**(당신은 닿을 수 있는 천국 같아요, 당신을 정말 안고 싶어요)라는 가사는 두 사람이 아직은 커플이 아닌 것처럼 들립니다. 이미 앞서 **if** 문장에 대하여 학습했듯 **You would be like heaven**(당신은 천국과도 같을 거예요)이라는 가사는 그들의 사이에는 아직 서로 아무런 신체적인 접촉도 없었다는 것을 넌지시 나타낸다는 점을 알 수 있습니다. 노래에서는 만약 그렇다면 어떤 기분일지 상상하고 있는 것입니다.

가능한 최대의 극단적인 표현으로(코러스에서 노래하는 내용처럼 그녀에게 **don't bring me down**(저를 좌절하게 하지 말아요.), 즉 나를 거부하지 말아 달라고 애원하며 자신의 사랑을 알리고 있는 것 같습니다. 부디 그에게 좋은 결말이 있기를….

ENGLISH STRUCTURES
문장 구조

trust in

동사 **trust**(신뢰하다)는 누군가 우리를 신뢰하기를 원할 때 사용하는 것을 알고 있습니다. 위의 어구는 보통 **trust**로 간단하게 사용되지만 이 노래에서는 **in**을 더합니다. **trust in**이라고 말할 때는 좀 더 격식을 갖춘 표현이 되며, 또한 우리가 무언가에 믿음을 두고 있다는 것을 의미합니다.

trust가 정직하고 그의 언행이 선하다는 것을 믿는 것이라면 **trust in**은 일종의 더 높은 믿음의 신념을 가지고 있다는 것을 의미합니다.

I don't know if I can trust him.
내가 그를 믿을 수 있을지 모르겠어.

Trust in the Lord with all your heart.
주님을 진심으로 믿으세요.

can't take my eyes off
~에(게)서 눈을 뗄 수 없다

무엇 또는 누군가가 시선을 사로잡으면 시선을 다른 곳으로 돌릴 수가 없을 것입니다. 즉, '~에서 시선을 뗄 수 없다'라고 표현합니다.

That painting is so beautiful, I can't take my eyes off it.
그 그림은 너무 아름다워서 눈을 뗄 수가 없다.

This is the most interesting film I've ever seen. I can't take my eyes off the main actor.
이것은 내가 본 가장 재미있는 영화이다. 주연 배우에게서 눈을 뗄 수가 없다.

Too good to be true
믿을 수 없을 만큼 좋은

이 표현은 어떤 것이 너무도 훌륭해서 그것을 사실이라고 믿기가 힘들다는 것을 나타내는 것입니다. 너무 좋아서 사실일 리가 없을 것이라는 의미입니다.

This deal is too good to be true. The price is so cheap!
이 거래는 말도 안 되게 좋아요. 가격이 너무 저렴합니다!

My new job is perfect for me. It's almost too good to be true.
나의 새 직장은 나에게 완벽하다. 믿을 수 없을 정도로 좋다.

위의 예문들과 노래에서 보이는 문장들은 어떤 것이 거의 믿을 수 없을 정도로 너무 놀랍다는 것을 보여주는 데 사용됩니다. 그리고 어떤 것이 정말로 그렇게 좋은지 의심스럽다는 것을 나타내기 위해서 더 부정적인 의미로 사용할 수도 있습니다.

I can get 20% returns on this investment? That sounds too good to be true.
이 투자로 20%의 수익을 얻을 수 있다고요? 믿을 수 없을 정도로 좋군요.

If someone offers you money for nothing, it's probably too good to be true.
만약 누군가가 당신에게 돈을 그냥 준다면, 그것은 아마도 믿어지지 않을 만큼 좋은 것일 것이다.

NOW IT'S YOUR TURN!
네 차례야!

Q 오늘 학습한 "Can't Take My Eyes Off You" 노래의 패턴에 따라 이 문장들에 대한 몇 개의 운이 맞는 대구(對句)를 생각해 보세요. 여러분이 원하는 대로 재미있게 혹은 진실되게 문장을 완성해보세요.

1 You're just too good to be true

_____.

2 This pair of shoes is for free

_____.

3 There are no clouds in the sky

_____.

4 That boat is sailing to sea

_____.

— 해답 363 page

LESSON 4

Your Song

1970 · by Elton John

SONG STORY

노래 이야기

Elton John(엘턴 존)은 에니메이션 *Lion King*(라이온 킹)의 주제가인 "**Can You Feel the Love Tonight?**"에서부터 다이애나 왕세자비의 죽음을 애도하며 불러 기록적인 인기를 얻었던 "**Candle in the Wind**"에 이르기까지 어린 시절부터 우리가 알고 사랑하는 많은 팝 히트곡들의 주인공입니다. 그 수많은 히트곡 중 엘턴의 첫 히트곡이라고 말할 수 있는 단 하나의 노래가 바로 1970년 두 번째 **LP**의 싱글인 "**Your Song**"입니다.

　이 노래는 1967년 엘턴과 그의 오랜 작사가 **Bernie Taupin**(버니 토핀)의 공동 작업으로 만들었습니다. 이 두 남자 모두 이 노래의 가사를 썼을 때를 자신들의 작사가 완전히 새로운 수준의 전문성에 도달한 순간으로 지목했는데, 이 노래의 가사와 곡이 모두 단 몇 시간 만에 엘턴의 어머니의 부엌에서 쓰여졌다고 합니다. 이 곡이 쓰여졌을 당시 엘턴이 갓 스무 살이었고 버니가 겨우 17살이었던 점을 감안한다면 꽤 놀라운 것이 사실이지만 곡이 상당히 전문적으로 들린다 할지라

도 아직은 미숙하고 거의 어린아이와 같은 가사는 젊은 작가들의 낭만적인 경험 부족을 여실히 드러낸다고 할 수 있습니다. 버니는 이후 "It's the voice of someone who hasn't experienced love in any way."(어떠한 방식으로도 사랑을 경험하지 못한 사람의 목소리이다.)라는 점이라고 말하며 이를 시인했습니다. 그들이 성숙한 사랑을 경험하지 못했을지는 모르지만 싱글로 발매된 이 곡은 그들이 곧 충분히 많은 경력을 쌓을 것이라는 것을 확실히 보장해 주었습니다.

FUN FACT !

재미있는 사실!

가사가 작가들의 사랑에 대한 상대적인 미숙함을 드러내듯 또 다른 것을 드러내게 되는데, 지금은 엘턴 존이 동성애자라는 것이 알려져 있지만 이 노래가 작곡될 당시 그는 공개적으로 동성연애자임을 밝히지(come out of the closet) 않았습니다. 그러나 버니 토핀은 엘턴의 비밀에 대해 알고 있었는데 가사에 she와 같은 성별을 나타내는 대명사를 사용하지 않았고, 그 상대가 남성과 여성의 모든 성별에 적용될 수 있다는 것입니다.

LYRICS
가사

It's a little bit funny, this feeling inside
I'm not one of those who can easily hide
I don't have much money, but, boy if I did
I'd buy a big house where we both could live

If I was a sculptor, but then again, no
Or a man who makes potions in a traveling show
I know it's not much, but it's the best I can do
My gift is my song and this one's for you.

[Chorus]

And you can tell everybody, this is your song
It may be quite simple but now that it's done
I hope you don't mind
I hope you don't mind
That I put down in words
How wonderful life is, while you're in the world

I sat on the roof and kicked off the moss
Well, a few of the verses, well they got me quite cross
But the sun's been quite kind while I wrote this song
It's for people like you that
Keep it turned on

좀 재미있군요, 내 안의 이런 감정 말이에요
난 쉽게 감출 수 있는 사람이 아니에요
내겐 돈이 많지 않지만 만약에 돈이 많다면
우리 둘이 함께 살 수 있는 큰 집을 사겠어요

만약 내가 조각가였다면, 하지만 생각해보니 아니죠
아니면 사랑의 묘약을 만드는 떠돌이 약장수였더라면
별 거 아니란 거 알지만 이것이 내가 할 수 있는 최선이에요
내 선물은 노래예요 그리고 이 노래는 당신을 위한 거죠

[후렴]
모두에게 말해도 돼요, 이 노래는 당신을 위한 노래라고
꽤나 단순한 노래일지 모르지만 이제 완성이 됐거든요
당신이 싫어하지 않길 바라요
당신이 싫어하지 않길 바라요
내가 글로 썼다는 걸 말이죠
당신이 이 세상에 있으니 이 얼마나 아름다운 인생인지요

지붕 위에 앉아 이끼를 발로 찼어요
글쎄 몇몇 구절 때문에 언짢아지더군요
하지만 이 노래를 쓰는 동안 햇볕은 꽤나 따사로웠어요
이 노래는 계속 따사로운 햇볕을 비추는
당신 같은 사람을 위한 거죠

LYRICS
가사

So excuse me forgetting
But these things I do
You see, I've forgotten if they're green or they're blue
Anyway, the thing is, what I really mean:
Yours are the sweetest eyes, I've ever seen

[Repeat Chorus]

I hope you don't mind
I hope you don't mind
That I put down in words
How wonderful life is, while you're in the world

 PRONUNCIATION PRACTICE 발음 연습

노래는 인간의 언어 패턴을 반영하기 때문에 이해하기 어려운 노래들이 몇 있는데 이 노래가 가장 그런 것 같습니다. 가사 My gift is my song AND this one's for you.에서는 특히 and에 강세를 둡니다.
　작사가는 사람들의 생각하는 방식을 묘사하려고 well, you see 또는 boy와 같은 짧은 단어들을 끊임없이 가사에 끼워 넣고 있습니다. 사실 가사는 거의 의식의 흐름과도 같이 어떤 간섭이나 분석 없이 머릿속에 떠오르는 대로 쓴 것입니다. 이 노래를 부르는 가수는 백일몽을 꾸고 있어서 그의 마음이 한 주제에서 다른 주제로 옮겨져 듣는 사람이 그의 생각을 따라가기 어렵게 만듭니다. 따라서 가수가 어떤 마음으로 노래하는지 가사의 흐름을 이해하려면 뒤의 '가사 파헤치기'의 설명을 읽고 노래를 여러 번 들으세요.

그러니 내가 잊어버리는 걸 용서해요
난 이런 것들을 자주 잊어요
있잖아요, 그것이 초록색인지 파란색인지 잊어버렸어요
어쨌든 내가 정말로 하고 싶은 말은
당신의 눈동자는 내가 본 중에 가장 사랑스럽다는 거예요

[후렴 반복]

당신이 싫어하지 않길 바라요
당신이 싫어하지 않길 바라요
내가 글로 썼다는 걸 말이죠
당신이 이 세상에 있으니 이 얼마나 아름다운 인생인지요

 ## WORDS IN THE LYRICS 어휘

- **sculptor** [skʌ́lptər] 조각가
  potion [póuʃən] (마법의) 물약, 묘약
- **traveling show** 순회 공연
- **wonderful** [wʌ́ndərfəl] 아주 멋진, 신나는, 훌
  륭한, 경이로운

- **moss** [mɔːs] 이끼
- **verse** [vəːrs] 운문, (시의) 연; (노래의) 절
- **cross** [krɔːs] (표정·음성 등이) 화가 난, 언짢아하는
- **kind** [kaind] (날씨 등이) 온화한, 따뜻한
- **the thing is** ... 사실은 말이야

이 노래는 노래를 만들어서 자신의 사랑을 밝히는 과정을 담은 것입니다. 그가 만드는 새 노래 속에서 사랑의 감정을 표현하기 위해 그가 최선을 다할 때 우리는 노랫말을 쓰는 작가의 감정, 소망, 의구심, 그리고 선택을 이해하게 됩니다.

1절과 후렴은 함께 어울립니다. 가사에서 작가는 사랑에 빠졌고 자신의 사랑을 표현하기 위한 모든 방법을 생각하고 있는데 그가 상대에게 자신의 사랑을 전하기 위해 할 수 있는 최선은 무엇일까요? 그에게 돈이 있었다면 큰 집을 살 수 있었을 것이고(buy a big house), 그가 만약 sculptor(조각가)라면 아름다운 sculpture(조각품)를 만들 수 있었을 것이며, 만약 그가 유랑극단에서 일한다면 사랑하는 그 소녀가 그와 사랑에 빠지도록 만들 수 있는 사랑의 potions(묘약)를 만들 수도 있겠지요. 그러나 이런 모든 생각들은 현실적이지 않아 마침내 그가 할 수 있는 유일한 것은 My gift is my song and this song is for you. (내 선물은 내 노래이고 이 노래는 당신을 위한 것입니다)라고 사랑 노래를 만드는 것을 결심하게 됩니다.

3절에서 엘턴 존은 그가 곡을 쓰고 있는 그때의 순간으로 우리를 데려갑니다. 그는 건물 옥상에 앉아 타일 위에 끼여 있는 moss(이끼)를 발로 툭툭 걷어차며 짜증을 내고 있는데 그가 쓴 verses(노래의 절들)가 마음에 들지 않아서이겠지요. 그 때문에 그는 cross한 기분이 드는데 이 말은 '화가 난, 언짢은'이라는 영국 속어입니다. 하지만 그는 짜증 섞인 마음을 오랫동안 마음에 품고 있지 않는데 오늘은 햇볕이 매우 따사롭고, 이 사랑스런 날씨는 그가 사랑하는 연인을 떠오르게 하기 때문입니다.

이러한 어색하고 어정쩡한 감정은 전형적인 남학생의 사랑을 솔직하게 표현한 것이어서 수많은 세월이 흘렀어도 이 노래가 그 자체로 많은 이들에게 사랑을 받는 이유일 것입니다.

ENGLISH STRUCTURES
문장 구조

---

put down in words
글로 써내려가다

이것은 '뭔가를 적다'는 의미의 오래된 표현 방법입니다.

> I sent you this letter to put my feelings down on paper.
> 종이에 제 마음을 적어 당신께 이 편지를 보냅니다.

> I wrote an autobiography because I want to put down my story for future generations.
> 나는 후손들을 위해 내 이야기를 알리고 싶어서 자서전을 썼어요.

I know it's not much
별것은 아니지만, 별거 아닌 거 알아요

이것은 선물을 주면서 말문을 열 때 사용하는 흔한 문구로 선물을 주기 전에 약간 미안한 마음을 표현하는듯한 말을 전함으로써 상대방에게 너무 많은 것을 기대해서는 안 된다는 신호를 보내는 것입니다.

  이 노래에 등장하는 또 다른 유사한 표현인 **I hope you don't mind** ~ (당신이 ~를 꺼리지 않으면 좋겠습니다)는 우리가 다른 사람이 좋아하지 않을 수도 있는 부탁이나 요청을 하려고 할 때 사용합니다.

> I got you a small present. It's not much, but I wanted to thank you for helping me.
> 작은 선물을 준비했어요. 별거 아니지만 도와주셔서 감사를 드리고 싶었어요.

> I hope you don't mind that I've opened the window.
> 제가 창문을 열었는데 괜찮으셨으면 합니다.

I've forgotten

사랑하는 사람의 눈동자 색깔을 잊는 것이 꽤 당혹스런 것일지라도 우리가 잊을 수 있는 최악의 일은 아니겠지요. 우리는 흔히 무언가를 깜빡하여(forget), 그것을 다음과 같은 방법으로 표현합니다.

> **I met him a long time ago, but I've forgotten his name.**
> 그를 오래 전에 만났지만 그의 이름을 잊었어요.
>
> **I think I forgot to turn off the stove.**
> 난로 불 끄는 것을 깜빡 했어요.
>
> **I feel so embarrassed. I forgot to say hello when I saw my boss.**
> 매우 당황스럽군요. 사장님을 뵀을 때 인사하는 것을 잊었어요.

노래에서 현재완료 시제인 **have forgotten**과 단순 과거 시제인 **forgot**를 모두 사용한다는 것을 알아차렸을 것입니다. 단순 과거 시제 형태는 집에서 출발 한다거나 누군가를 만나는 것과 같이 특정한 시간을 말할 때 더 흔하게 사용되는 반면, 현재 완료 시제는 불특정한 시간을 언급할 때처럼 흔히 더 오랜 시간이 걸리는 과정을 표현할 때 사용됩니다.

> **I forgot to bring my wallet.**
> 지갑을 가져오는 것을 잊었어요.
>
> **I've forgotten where I left my wallet.**
> 지갑을 어디에 두었는지 잊었어요.

NOW IT'S YOUR TURN!
네 차례야!

Q 여러분은 어떤 것들을 깜빡 잊으셨나요? **I forgot**이나 **I've forgotten**을 사용하여 문장을 채워 보시고, 그 일이 불특정한 시간이나 특정한 시간에 일어났던 일인지 잘 생각하여 여러분 만의 문장을 만들어 보세요.

1 Oh no,   to turn the lights off when I left the house.

2 Since I moved to America,   how to speak Korean.

3 I can't remember your phone number!   the last two digits.

4 John really screwed up at work today. He says he   to send the email to our client!

— 해답 363 page

1. 다음의 단어가 어떤 노래 가사에 나오는지 표시하세요.

	I Just Called to Say I Love You	How Do I Live	Can't Take My Eyes Off You	Your Song
baby				
world				
love				
night				
blue				
song				
rain				
sun				

2. 배운 가사에 근거해 다음 물음에 답해 보세요.

(A) In which month does Stevie say that there are no weddings?

(B) What word does Elton use to praise our eyes?

(C) What does Frankie ask us to pardon him for?

(D) How would LeAnn feel if she lost us?

— 해답 364 page

03

Songs from Film or Theater 영화나 연극 속의 노래

Nothing resonates as strongly as a beautiful melody that's paired with a striking visual. Whether on stage or screen, music can reach into our hearts to really make a story come alive. In the following chapter, we'll be exploring 4 songs from classic movies or musicals. So, get ready to fly on a magic carpet, go singing in the rain, or sit in a New York windowsill with Audrey, as we revisit some of the most iconic movies, and songs, of all time.

빼어난 장면과 짝을 이루는 아름다운 멜로디만큼 강한 반향을 불러일으키는 것은 없을 것입니다. 무대 위든 스크린 위든 음악은 우리의 마음 깊은 곳에 스며들어 이야기를 생기 있게 합니다. 이 챕터에서는 고전영화나 뮤지컬에 나오는 노래 네 곡을 살펴볼 것입니다. 자, 이제 마법의 카펫을 탈 준비가 됐나요? 카펫을 타고 날아 빗속에서 노래를 부르며, **Audrey**(오드리)와 함께 뉴욕 어느 곳의 창문턱에 앉아 역사상 가장 상징적인 영화와 노래들을 다시 만나보도록 하겠습니다.

resonate [résənèit] 반향을 불러일으키다
visual[víʒuəl] 시각의

explore[iksplɔ́ːr] 탐사하다
windowsill [wíndousìl] 창문턱
iconic[aikánik] 상징성을 지닌

A Whole New World

1992 · from *Aladdin*

SONG STORY
노래 이야기

이 낭만적인 듀엣곡은 1992년 영화 *Aladdin*(알라딘)이 처음 개봉된 이래로 많은 이들의 어린 시절의 일부였습니다. 이 노래는 작곡을 담당한 **Alan Menken**(앨런 멩컨)과 작사를 맡은 **Howard Ashman**(하워드 애시먼)의 훌륭한 작사 · 작곡 팀의 또 다른 산물이었습니다. 이 두 사람은 함께 브로드웨이 뮤지컬 *Little Shop of Horrors*(흡혈식물 대소동)를 썼고, *The Little Mermaid*(인어공주)의 주제곡인 "**Part of Your World**"에서부터 "**Beauty and the Beast**"(미녀와 야수)에 이르기까지 가장 잘 알려진 디즈니 노래들을 만들었습니다. 불행히도 애시먼이 이 영화가 개봉되기 전 HIV(인체 면역 결핍 바이러스)로 사망하게 되어 《알라딘》은 두 사람이 함께 작업한 마지막 프로젝트가 되었으며, 디즈니사는 이 프로젝트를 완성하기 위해 작사가 **Tim Rice**(팀 라이스)를 데려올 수밖에 없었습니다.

이 노래는 그동안 여러 버전으로 녹음되었는데 우리가 영화에서 듣던 오리지널 버전은 브로드웨이 가

수 **Brad Kane**(브래드 케인)과 21세의 **Lea Salonga**(레아 살롱가)가 불렀습니다. 이 필리핀 출신의 가수는 나중에 유명한 뮤지컬 스타가 되고 디즈니의 애니메이션 *Mulan*(물란)의 삽입곡도 부르게 됩니다. 이 노래의 팝 버전은 **R&B** (리듬 앤 블루스) 가수 **Peabo Bryson**(피보 브라이슨)과 **Regina Belle**(레지나 벨)이 불렀으며, 원곡보다 좀 더 느린 편곡이 특징입니다. 마지막으로,《알라딘》영화의 2019년 실사 리메이크 작품을 만들기 위해 새로운 버전이 녹음되었는데 영화의 보컬은 배우 **Mena Massoud**(메나 마수드)와 **Naomi Scott**(나오미 스콧)이 불렀습니다.

FUN FACT !

재미있는 사실!

이 노래는 1992년 오스카 Best Original Song(주제가상)을 수상했을 뿐만 아니라, 디즈니 노래로는 유일하게 Grammy Awards(그래미 어워드)에서 Song of the Year(올해의 노래)상을 수상했습니다.

LYRICS
가사

I can show you the world
Shining, shimmering, splendid
Tell me, Princess, now when did you last
Let your heart decide?

I can open your eyes
Take you wonder by wonder
Over, sideways and under
On a magic carpet ride

[Chorus]
A whole new world
A new fantastic point of view
No one to tell us "no"
Or where to go
Or say we're only dreaming

A whole new world
A dazzling place I never knew
But now from way up here
It's crystal clear
That now I'm in a whole new world with you

Unbelievable sights
Indescribable feelings
Soaring, tumbling, freewheeling
Through an endless diamond sky

난 당신에게 빛나고 반짝이고 멋진
세상을 보여줄 수 있어요
말해봐요, 공주님, 마음이 가는 대로 따랐던
마지막이 언제였나요?

나는 당신의 눈을 뜨게 해주고
세상의 놀라움 속으로 데려갈 수 있어요
마법 양탄자를 타고
위로, 옆으로, 아래로 다니면서 말이죠

[후렴]
완전히 새로운 세상
새롭고 환상적인 풍경
그 누구도 우리에게 안 된다고 하거나
어디로 가라고 하거나, 우리가 꿈을 꾸고
있는 것뿐이라고 말할 사람은 없어요

완전히 새로운 세상
전혀 알지 못했던 눈부신 곳
하지만 나는 여기 높은 곳에 있어요
지금 나는 당신과 함께 완전히 새로운
세상에 있다는 것이 분명하죠

믿을 수 없는 광경들, 형언할 수 없는 감정
끝없이 펼쳐진 다이아몬드 같은
하늘 속으로 솟아올랐다가,
갑자기 떨어지고, 좌우로 자유롭게 날아요

LYRICS
가사

A whole new world (Don't you dare close your eyes)
A hundred thousand things to see (Hold your breath, it gets
I'm like a shooting star
I've come so far
I can't go back to where I used to be

A whole new world
With new horizons to pursue
I'll chase them anywhere
There's time to spare
Let me share this whole new world with you

[Repeat Chorus]

A whole new world (Every turn, a surprise)
With new horizons to pursue (Every moment red-letter)
I'll chase them anywhere
There's time to spare
Let me share this new world with you

A whole new world (A whole new world)
That's where we'll be (That's where we'll be)
A thrilling chase, a wondrous place
For you and me

 PRONUNCIATION PRACTICE 발음 연습

이 노래는 긴 여러 음절의 단어가 있으므로 노래할 때 특히 dazzling이라는 단어에 주의해야 합니다. 이 단어는 3 음절(daz-zel-ling)로 발음할 수 있지만 운의 기본단위에 맞게 2음절(daz-zling)로 짧게 발음하는 것이 더 일반적입니다. 또 crystal에서 철자 a는 [ə] 또는 [i]와 더 비슷하게 들린다는 점에 유의해야 합니다. 또 whole의 w는 묵음이므로 hole과 똑같이 발음해야 한다는 것도 잊으면 안 됩니다.

완전히 새로운 세상 (눈을 감으면 안 돼요)
구경할 게 너무 많아요 (숨을 참아요, 그럼 나아질 거예요)
나는 마치 별똥별 같아요
너무 멀리 와버렸네요
내가 있던 곳으로 다시 돌아갈 수 없어요

완전히 새로운 세상
나아가야 할 새로운 지평선들이 있는 곳
어디든 쫓아갈 거예요
시간은 충분해요
이 완전히 새로운 세상을 당신과 함께할 거예요

[후렴 반복]

완전히 새로운 세상 (모든 것이 새롭고 놀라워요)
나아가야 할 새로운 지평선들이 있는 곳 (매 순간이 특별하죠)
어디든 쫓아갈 거예요
시간은 충분해요
이 완전히 새로운 세상을 당신과 함께할 거예요

완전히 새로운 세상 (완전히 새로운 세상)
그곳은 우리가 있어야 할 곳 (그곳은 우리가 있어야 할 곳)
짜릿한 추격, 경이로운 곳
당신과 나를 위한

🎧 WORDS IN THE LYRICS 어휘

- **shimmering** [ʃíməriŋ] 반짝거리는, 어른거리는
- **splendid** [spléndid] 멋진, 아주 아름다운
- **wonder** [wʌ́ndər] 경탄, 경이(감); 경이(로운 것)
- **sideways** [sáidwèiz] 옆으로, 모로
- **dazzling** [dǽzliŋ] 눈부신, 휘황찬란한
- **soar** [sɔːr] 하늘 높이 날다
- **tumble** [tʌ́mbl] 굴러 떨어지다
- **freewheel** [fríːwiːl] 자유롭게 행동하다
- **thrilling** [θríliŋ] 짜릿한, 긴장감 넘치는
- **wondrous** [wʌ́ndrəs] 놀랄 만한, 경이로

LYRICS
BREAKDOWN
가사 파헤치기

이 노래의 포인트는 성격과 배경이 너무 다른 두 주인공이 서로를 위해 무엇을 할 수 있을까라는 점입니다. 외견상으로는 **Jasmine**(재스민)은 부유한 공주로서 그녀가 원하는 모든 것을 가진 것처럼 보이지만 알라딘은 그녀가 그처럼 자유롭고 독립적이기를 갈망한다는 것을 알고 있었습니다. 알라딘은 세상을 당신에게 보여주겠다(show you the world)고 약속하고 눈을 떠보라(open your eyes)고 하며, "**When did you last let your heart decide?**(스스로 마음 가는 대로 결정한 것이 언제가 마지막이었나요?)"라고 재스민 공주에게 물었습니다.

하지만 이렇게 완전히 다른 듯 보이는 이들에게도 어떤 공통점은 있습니다. 그들은 둘 다 무언가에 의해 제약을 받는데 알라딘은 가난에 의해, 그리고 재스민은 그녀의 신분에 의해서입니다. 그래서 그들은 **No one to tell us no, or where to go, or say we're only dreaming.** (아무도 우리에게 아니라고 말하거나, 어디로 가야 하는지, 또는 우리는 단지 꿈만 꾸고 있다고 말할 수 없어요.)처럼 같은 것을 원합니다. 두 사람 모두 상대방이 원하는 것에 대한 열쇠를 쥐고 있다는 것을 쉽게 알 수 있습니다.

그 외에도, 이 노래의 가사에는 멋진 표현들이 있습니다. 알라딘은 공주를 **wonder by wonder**(경이로움)로 데려간다고 노래합니다. 이것은 어떤 멋진 순간을 의미할 수도 있지만 **the Seven Wonders of the World**(세계 7대 불가사의)에 대한 언급이 될 수도 있습니다. 실제로 영화에서 주인공들이 이 노래를 부를 때 이집트의 **the Great Pyramids**(대피라미드)와 그리스의 **the Acropolis**(아크로폴리스)로 보이는 곳을 지나쳐 날아가는 장면을 볼 수 있습니다. 이와 유사하게 **new horizons to pursue**(나아가야 할 새로운 지평선들)라는 가사가 있습니다. **new horizons** 는 그들이 문자 그대로 날아다니며 끊임없이 수평선 너머로 새로운 것을 보고 있다는 사실을 말하고 있습니다. 그리고 이 커플은 **magic carpet**(마법 양탄자)를 타고 날아다니면서 이 노래들을 부릅니다.

ENGLISH STRUCTURES
문장 구조

crystal clear
매우 명확한, 아주 분명한

crystal(수정)은 명사이지만 유리로 만들어진 광물의 일종으로, 맑고 반투명한 성질로 알려져 있습니다. 그러나 이 어구에서 crystal은 어떤 것의 명확성을 설명하는 형용사처럼 기능하므로 우리가 무엇인가 crystal clear 혹은 clear like crystal이라고 말한다면 그것이 매우 또렷하며 분명하다는 의미입니다. 그러나 clear라는 단어에는 두 가지 의미가 있는데, 하나는 시각적 명료함이고 다른 하나는 누가 생각해도 분명한 명료함입니다. 재스민은 이 단어를 사용하면서 자신이 완전히 새로운 세계에 있는 것이 분명하다고 말하고 있습니다.

Just forget about her. It's crystal clear that she doesn't like you!
그녀에 대해서는 그냥 잊으세요. 그녀가 당신을 좋아하지 않는다는 것은 확실해요!

When did you last ...?
당신은 마지막으로 언제 …했습니까?

알라딘은 재스민에게 **"When did you last let your heart decide?"**
(당신이 마지막으로 마음이 가는 데로 결정한 때는 언제인가요?)라고 묻습니다. 이 표현은 좀 특이하게 들릴지 모르지만 단순히 '당신이 마지막으로 마음이 가는 데로 결정한 것이 언제였습니까?'라는 것을 의미합니다.

When did you last take a shower? = When was the last time that you took a shower? 마지막으로 샤워한 때는 언제였나요?

Shining, Shimmering, Splendid

이 노래의 첫 줄은 '화려하게 빛나는' 이라는 의미를 갖는 아름다운 형용사 3총사 **shining**, **shimmering**, **splendid**가 등장합니다. 전체적으로 이 즐거운 노래는 무언가 멋지거나 우리에게 기쁨을 가져다주는 것들을 묘사한 것입니다. 따라서 다음에 여러분이 무언가를 **nice** 또는 **great**이라고 말하고 싶을 때 다음과 같은 좀 더 창의적인 형용사로 대체해 보는 것도 좋을 것 같습니다.

- **splendid** (정말 좋은, 인상적인, 훌륭한):

  That was a splendid meal. Your cooking skills have really improved!
  정말 맛있는 식사였어요. 당신의 요리 솜씨가 정말 좋아졌군요!

- **dazzling** (눈부신, 휘황찬란한, 현혹적인):

  His violin playing was dazzling the audience during the concert.
  그의 바이올린 연주는 음악회 동안 청중들을 현혹시켰다.

- **fantastic** (기막히게 좋은, 환상적인, 굉장한):

  This author has written many fantastic books.
  이 작가는 많은 환상적인 책들을 저술했다.

- **unbelievable** (믿기 어려울 정도인, 사실일 것 같지 않아서 믿기 힘든):

  It's unbelievable how sweet she is. Everyone at the office loves her.
  그녀는 믿을 수 없을 정도로 상냥하다. 사무실의 모든 사람들이 그녀를 너무 좋아한다.

- **indescribable** (형언할 수 없는):

  Her beauty is indescribable. She's too beautiful for words.
  그녀의 아름다움은 이루 말할 수 없다. 그녀는 말로 표현할 수 없을 만큼 아름답다.

NOW IT'S YOUR TURN!
네 차례야!

Q 이제 우리가 배운 완전히 새로운 형용사를 사용하는 문장을 생각해봅시다. 다음 각 단어를 사용하는 문장을 만들어 보세요.

1 **Fantastic**

.

2 **Wonderful**

.

3 **Unbelievable**

.

4 **Splendid**

.

— 해답 365 page

LESSON 2

Moon River

1961 · from *Breakfast at Tiffany's*

SONG STORY
노래 이야기

1961년에 많은 사람들의 마음을 녹인 **Audrey Hepburn**(오드리 헵번)이 부른 노래가 있습니다. "**Moon River**"는 영화 *Breakfast at Tiffany's*(티파니에서 아침을)의 주요 주제가이자 작곡가 **Henry Mancini**(헨리 맨시니)의 첫 번째 대히트 곡이었습니다. 맨시니는 이후 "**Days of Wine and Roses**", "**Love Theme from Romeo and Juliet**", "**The Pink Panther Theme**"과 같은 유명한 곡들을 작곡하면서 전설적인 영화 음악 작곡가가 됩니다. 이 노래의 가사는 당시 이미 전설적인 작곡가였던 **Henry Mercer**(헨리 머서)가 작사했으며, 영화 주제가로 오스카상을 네 번이나 받게 됩니다. "**Moon River**" 또한 예외는 아니어서 이 노래는 오스카 주제가상과 그래미 **Record of the Year**(올해의 음반상)를 수상했습니다.

이 노래는 진정한 할리우드의 아이콘으로서 오드리 헵번이 입지를 굳히는 데 도움을 주게 됩니다. 영화에서 이 노래는 헵번이 연기한 뉴욕의 사교계 명사인

Holly Golightly(할리 골라이틀리)가 부른 것으로, 영화에서 그녀는 처음에는 돈 많은 남성과의 결혼에만 관심을 갖는 파티걸로 묘사되지만 이 노래는 그녀에 대한 인식을 바꾸게 합니다. 아파트 창틀에 걸터앉아 단촐한 검은색 터틀넥을 입고 남몰래 이 노래를 부르는 그녀의 모습에서 진정한 외로움과 시골에서 자라온 그녀의 과거를 알 수 있습니다.

재미있는 사실!

이 노래는 그 후 전설적인 영화 노래가 되었음에도 불구하고 studio(영화 제작사)는 노래로 인하여 영화가 길게 상영되고 있다고 느낀 나머지 Moon River 노래 장면을 이 영화에서 빼는 게 좋겠다고 제안을 했는데, 결국 스튜디오에 강경하게 "Over my dead body!"(절대로 안 돼!)라는 최후통첩을 보낸 헵번이 이 노래를 살려내게 됩니다.

LYRICS
가사

[Verse 1]

Moon river, wider than a mile
I'm crossing you in style, some day
Oh, dream maker, you heart breaker
Wherever you're goin', I'm goin' your way

[Verse 2]

Two drifters, off to see the world
There's such a lot of world to see
We're after the same rainbow's end
Waitin' 'round the bend
My huckleberry friend, moon river, and me

[Repeat Verse 1]

[Repeat Verse 2]

 PRONUNCIATION PRACTICE 발음 연습

이 노래에서 머서는 dream maker – heart breaker처럼 중간운과 you're going – I'm going과 같은 반복되는 단어를 사용하는 작사 기술을 사용합니다. 노래의 고요한 멜로디는 흐르는 강물이 굽이굽이 돌아가는 모습을 묘사하는 듯한 최면적인 느낌을 노래에 줍니다.

멜로디가 변하는 마지막 부분이 노래를 부르기 가장 힘든 부분입니다. 첫 번째 모음 이후 특이하게 끊어지는 아주 긴 af-ter가 있고, same도 매우 긴 a 소리와 함께 발음됩니다. 그 이후에는 모두 매우 강한 악센트가 있는 end, bend, friend라는 세 개의 운이 맞는 단어들을 주의해야 합니다.

[1절]
달빛이 흐르는 드넓은 강
나는 언젠가는 멋지게 그대를 건널 거예요
아, 꿈을 꾸게 하고, 마음을 아프게 하는 그대
그대가 어디를 가든지 나는 그대를 따라갈 거예요

[2절]
세상 구경을 나선 두 떠돌이들
세상엔 참으로 볼 것이 많네요
우린 같은 무지개의 끝을 쫓고 있어요
굽어진 강가에서 기다리며
내 오랜 벗이여, 달빛이 흐르는 강, 그리고 나

[1절 반복]

[2절 반복]

WORDS IN THE LYRICS 어휘

- **Tiffany's** [tífəniz] 티퍼니(뉴욕에 있는 유명한 보석상)
- **some day** [sʌm dei] (미래의) 언젠가, 훗날
- **heart breaker** [hɑːrt bréikər] 마음 아프게 하는 사람[것]
- **drifter** [dríftər] (직장·거주지 등을 전전하는) 떠돌이, 방랑자
- **rainbow** [réinbòu] 무지개
- **bend** [bend] (도로·강 등의) 굽은 곳, 커브
- **huckleberry friend** [hʌ́klbèri frend] 오래 사귄 벗(Mark Twain의 소설 *Adventures of Huckleberry Finn*의 주인공 이름에서)

LYRICS
BREAKDOWN
가사 파헤치기

가사의 의미를 묻자 머서는 이 노래를 마치 "[…] a romantic song in which the romantic partner is the idea of romance." (낭만적인 파트너가 낭만의 주체인 낭만적인 노래)라고 표현합니다. 할리는 어떤 특정한 사람에 대해 노래하는 것이 아니라 방황하며 자유롭게 살고 싶은 욕망에 대해 노래하고 있다는 것을 알게 되면 노래의 내용을 더 쉽게 이해할 수 있습니다.

이 느낌을 사로잡기 위해 머서는 미국 남부에 살았던 자신의 어린 시절의 기억을 떠올렸습니다. 이 미스터리한 "Moon River"는 머서의 가족이 살던 조지아주 서배너의 Back River를 근거로 했다고 합니다. 그러나 이는 또한 어린 소년과 탈출한 노예가 자유를 찾아 미시시피 강을 따라 모험하는 미국 고전 소설인 *Huckleberry Finn*(허클베리 핀)에 대한 이야기이기도 하며, 이 연관성은 노래 가사의 my huckleberry friend라는 줄에서도 알 수 있습니다. 이런 종류의 자유는 wherever you're going, I'm going your way(그대가 가는 곳이라면 나도 그 길을 따라가겠어요)라는 줄에서도 묘사가 됩니다.

이 노래를 부르는 이는 two drifters 중의 한 명이 정확히 누구인지 확실하지는 않으나 그녀의 친구 혹은 연인일 수 있는 이와 함께 그 강을 따라 rainbow's end(무지개의 끝)까지 가기를 꿈꿉니다. 서양에는 무지개와 땅끝이 만나는 곳에 보물이나 다른 행운을 찾을 수 있는 이야기가 있다고 하네요. 하지만 이런 꿈들이 공짜로 얻어지는 것은 아닙니다. 꿈을 꾸고 희망을 갖는 것은 우리의 마음을 상하게 할 수도 있기 때문에 꿈을 이루어주는 dream maker는 동시에 마음에 상처를 주는 heart breaker이기도 하지요.

ENGLISH STRUCTURES
문장 구조

> ### heart breaker
> ### 매정한 사람

남의 마음을 슬프게 하는 사람, 또는 정말로 슬플 때 우리는 **My heart is broken.**(마음이 상했다.)이라고 말할 수 있습니다(형용사: **heartbroken**). 주로 **heart breaker**(마음에 상처를 주는 사람)는 특히 이성에게 좌절감을 주거나 상처를 주고 누군가를 슬프게 하는 사람을 말합니다.

> ### be off to
> ### ~로 떠나다, 출발하다

어디론가 떠날 때, 특히 여행을 갈 때 이 표현을 사용할 수 있으며 이 표현은 **be going to**와 비슷한 기능을 합니다.

A: Where are you off to in such a hurry?
그리 바쁘게 어디로 가는 거예요?

B: My vacation starts now. I'm off to Hawaii!
제 휴가가 이제 시작되었어요. 저 하와이로 떠나요!

ENGLISH FOCUS
핵심 연구

(Wherever you're going)

이번 핵심 연구에서는 **Wherever you're going, I'm going your way.**(당신이 어디로 가든지, 나는 당신을 따라 갈 것입니다.)라는 가사를 살펴보도록 하겠습니다. **going**이라는 현재 분사는 말하는 사람에게서부터 멀리 떨어진 곳으로 향할 때 말하며, **coming**은 말하는 사람 쪽으로 향할 때 말합니다. "**Moon River**"의 가사를 활용하여 만들 수 있는 몇 가지 문장을 다음에서 살펴봅니다.

Where are you going?
당신은 어디로 갑니까?

Park wherever you like.
어디든 원하는 곳에 주차하십시오.

I'm going wherever there's sunny weather.
저는 날씨가 화창하다면 어디든지 갈 것입니다.

Wherever you go, remember to bring your passport.
당신이 어디를 가시든지 여권을 소지하는 것을 잊지 마십시오.

그러나 이 분사는 다음과 같은 문장에서도 관용적으로 사용됩니다.

I'm going to bed soon. Please keep the noise down.
난 곧 잠자리에 들것입니다. 조용히 해주세요.

My boyfriend is going through a rough patch. He just lost his job.
제 남자친구는 힘든 일을 겪고 있어요. 그는 직장을 잃었거든요.

NOW IT'S YOUR TURN!
네 차례야!

Q "Moon River"에서의 모험, 우정과 탐사의 주제를 생각하며 다음 물음에 답하세요.

1 If you were going on an adventure, where would you go?

2 Who would you bring with you to be your "huckleberry friend"?

3 What kind of great thing would you want to find at the "rainbow's end"?

— 해답 365 page

Edelweiss

1959 · from *The Sound of Music*

SONG STORY
노래 이야기

이 노래는 작곡을 맡은 **Richard Rodgers**(리처드 로저스)와 작사를 맡은 **Oscar Hammerstein**(오스카 해머스타인)이 그들의 마지막 뮤지컬 *The Sound of Music*(사운드 오브 뮤직)을 위해 만든 곡으로, 이 두 사람은 *Oklahoma!*(오클라호마), *The King and I*(왕과 나) 그리고 *South Pacific*(남태평양)을 포함하여 브로드웨이 역사상 가장 잘 알려진 뮤지컬들 중 일부를 책임져 왔습니다. 하지만 그들의 많은 히트곡들 중 동쪽의 오스트리아 알프스에서 자라는 작고 하얀 꽃에 관한 발라드 곡인 "Edelweiss"보다 더 보편적으로 사랑받는 곡은 그리 많지 않은 것 같습니다.

이 작은 꽃은 오스트리아의 자부심의 상징이 되었고, 심지어 오스트리아의 2 유로 센트 동전에도 새겨져 있습니다. 뮤지컬에서 오스트리아는 독일의 나치에 의해 점령당하고 있는 상황으로 **von Trapp**(폰 트랩) 대령 (Christopher Plummer 크리스토퍼 플러머가 연기)은 이에 대한 은밀한 저항과 자신의 조국인 오스트리아에 대한 충성

재미있는 사실!

"Edelweiss"는 로저스와 해머스타인이 함께 작업한 마지막 노래로 밝혀졌습니다. 이 노래가 브로드웨이에서 데뷔한 후 해머스타인은 9개월 후에 위암으로 사망합니다.

을 맹세하는 의미로 이 노래를 부릅니다. 이 노래는 많은 사람들이 이 노래가 진짜 오스트리아 민요라고 믿거나 심지어 오스트리아의 national anthem(국가)라고 믿을 정도로 유명해졌습니다. 하지만 이 뮤지컬은 완전한 미국의 창작품이며 로저스와 해머스타인의 천재적인 능력을 세계 사람들에게 보여주는 증거입니다.

 Discussion! 토론하기!

"Edelweiss" is forever tied to the country of Austria. Can you think of any other pop songs that are immediately associated with a certain country?

<에델바이스>는 오스트리아와 매우 오랜 세월 관련되어 있습니다. 다른 어떤 팝송들이 어떤 특정한 나라와 직접적으로 연관되어 있다고 생각하시나요?

LYRICS
가사

Edelweiss, edelweiss
Every morning you greet me
Small and white, clean and bright
You look happy to meet me

Blossom of snow, may you bloom and grow
Bloom and grow forever
Edelweiss, edelweiss
Bless my homeland forever

 PRONUNCIATION PRACTICE 발음 연습

여기서 가장 주의해야 할 것은 노래의 주인공인 꽃의 발음입니다. 보통 영어에서 w로 시작하는 음절은 명확한 [w] 소리를 가지고 있으므로 weiss는 'why + ice [wais]'와 유사하게 발음될 것으로 예상합니다. 하지만 이 꽃은 독일어로 된 이름의 꽃이고 독일어에서는 문자 w가 [v]처럼 발음되기 때문에 정확한 발음이 [éidlvàis]에 가깝다는 것을 기억하셔야 합니다.

에델바이스, 에델바이스
매일 아침 너는 나를 반기는구나
작고 새하얀, 깨끗하고 밝은
너는 나를 만나서 행복해 보여

눈의 꽃, 네가 꽃을 피우고 자라기를
영원히 꽃을 피우고 자라기를
에델바이스, 에델바이스
나의 조국을 영원히 축복해 주렴

🎵 WORDS IN THE LYRICS 어휘

- **edelweiss** [éidlvàis] 에델바이스(작고 하얀 꽃이 피는 알프스 고산 식물)
- **greet** [gri:t] 인사하다, 맞이하다
- **clean** [kli:n] 깨끗한, 깔끔한
- **bright** [brait] (색깔이) 밝은, 선명한

- **blossom** [blásəm] (특히 유실수나 관목의) 꽃
- **bloom** [blu:m] 꽃이 피다, 꽃을 피우다
- **bless** [bles] (신의) 가호를 빌다
- **homeland** [hóumlænd] 고국, 조국

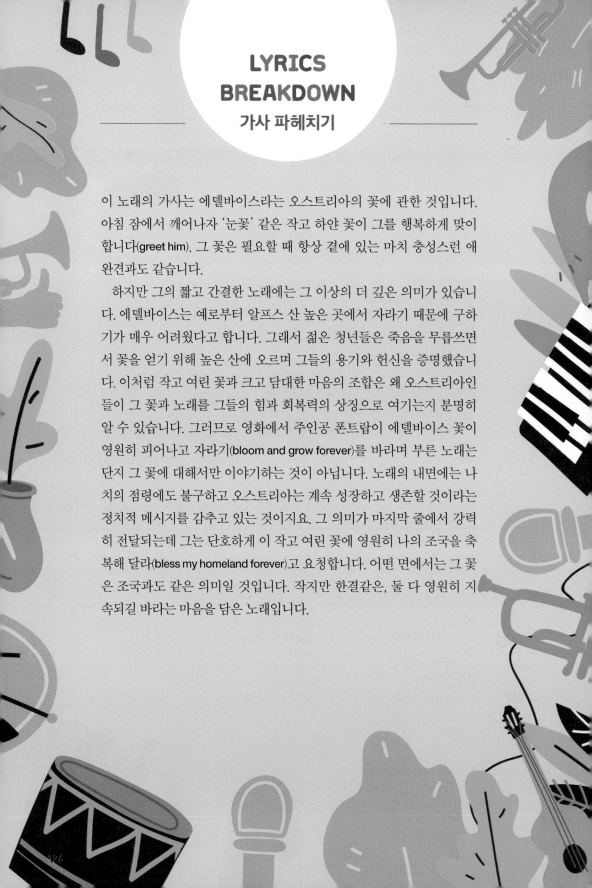

LYRICS
BREAKDOWN
가사 파헤치기

이 노래의 가사는 에델바이스라는 오스트리아의 꽃에 관한 것입니다. 아침 잠에서 깨어나자 '눈꽃' 같은 작고 하얀 꽃이 그를 행복하게 맞이합니다(greet him). 그 꽃은 필요할 때 항상 곁에 있는 마치 충성스런 애완견과도 같습니다.

하지만 그의 짧고 간결한 노래에는 그 이상의 더 깊은 의미가 있습니다. 에델바이스는 예로부터 알프스 산 높은 곳에서 자라기 때문에 구하기가 매우 어려웠다고 합니다. 그래서 젊은 청년들은 죽음을 무릅쓰면서 꽃을 얻기 위해 높은 산에 오르며 그들의 용기와 헌신을 증명했습니다. 이처럼 작고 여린 꽃과 크고 담대한 마음의 조합은 왜 오스트리아인들이 그 꽃과 노래를 그들의 힘과 회복력의 상징으로 여기는지 분명히 알 수 있습니다. 그러므로 영화에서 주인공 폰트랍이 에델바이스 꽃이 영원히 피어나고 자라기(bloom and grow forever)를 바라며 부른 노래는 단지 그 꽃에 대해서만 이야기하는 것이 아닙니다. 노래의 내면에는 나치의 점령에도 불구하고 오스트리아는 계속 성장하고 생존할 것이라는 정치적 메시지를 감추고 있는 것이지요. 그 의미가 마지막 줄에서 강력히 전달되는데 그는 단호하게 이 작고 여린 꽃에 영원히 나의 조국을 축복해 달라(bless my homeland forever)고 요청합니다. 어떤 면에서는 그 꽃은 조국과도 같은 의미일 것입니다. 작지만 한결같은, 둘 다 영원히 지속되길 바라는 마음을 담은 노래입니다.

ENGLISH STRUCTURES
문장 구조

blossom, bloom, grow
꽃, 꽃을 피우다, 자라다

열거한 세 단어는 모두 꽃의 다양한 성장 단계를 말할 때 사용되는데 명사 **blossom**(꽃)은 나무나 덤불에서 꽃이 피는 부분으로 대개 화려한 잎들이 있는 곳을 말하며, 동사 **bloom**(꽃을 피우다)은 식물이 자라면서 꽃을 피우는 과정으로, 다음과 같은 문장을 만들 수 있습니다.

The cherry blossoms bloomed in spring.
벚꽃은 봄에 핍니다.

bless
신의 가호를 빌다

bless라는 단어는 원래 종교적인 의미를 가지고 있는데 신의 축복을 말하기 때문입니다. 오랜 세월이 흐르면서 이 단어의 사용 범위는 더욱 넓어져서 예를 들어 누군가 재채기를 한 후 혹은 선한 일을 한 것에 대해 축복하는 등 누군가에게 잘 되기를 바랄 때마다 사용됩니다.

Bless you for helping me with this work.
이 일을 도와주신 것을 축복합니다.

I hope you will be blessed with good health forever.
네가 영원히 건강의 축복을 받길 바라.

Happy to meet me

Every morning you greet me와 You look happy to meet me라는 가사를 바탕으로 영어로 인사하는 표현을 살펴봅니다. **meet**라는 동사가 누군가를 만나는 것에 대해 말한다면 **greet**라는 동사는 인사하는 방식을 말합니다.

I'm busy with the cooking, so please greet our guests when they arrive.
제가 요리하느라 바쁘니까 손님이 오면 인사해주세요.

I hope you will greet my parents respectfully.
당신이 나의 부모님께 정중히 인사하기를 바랍니다.

happy to는 인사를 시작하기에 매우 좋은 표현이며, **happy** 대신 다른 긍정적인 형용사를 사용할 수 있고, 때로 허물없이 표현할 때 **I'm**은 생략하기도 합니다.

I'm happy to meet you
만나서 반갑습니다.

Pleased to meet you!
만나서 기뻐요!

I'm honored to meet you.
만나 뵙게 되어 영광입니다.

It's nice to meet you.
만나서 반가워요.

하지만 보통 동사 **meet**는 누군가를 처음 만나는 상황에 대해 이야기하거나 예상치 못한 만남이나 미리 계획된 만남에 대해 이야기한다는 것을 알아 두세요.

I want you to meet my new girlfriend, Olivia.
내 새 여자친구 올리비아를 소개할게요.

I suddenly met Mark at the supermarket.
나는 갑자기 슈퍼마켓에서 마크를 만났다.

Are you free to meet next weekend?
다음 주말에 만날 시간 있어요?

NOW IT'S YOUR TURN!
네 차례야!

Q 우리는 에델바이스 꽃이 오스트리아 사람들에게 얼마나 중요한지 공부했습니다. 이제 여러분에게는 어떤 꽃이 특별한 의미를 가지고 있는지 알아보도록 하겠습니다. 다음의 질문에 답하고 그 답을 학급의 친구들과 나누어 보세요.

1 What is your favorite flower? _____.

2 What color is it? _____.

3 What words do you associate with it? _____.

4 How do you feel when you see it? _____.

— 해답 366 page

Singin' in the Rain

1952 · by Gene Kelly

SONG STORY
노래 이야기

이 노래는 역사상 가장 상징적인 영화 장면 중 하나인 듯합니다. 1952년 영화 *Singin' in the Rain*(사랑은 비를 타고)에서 트렌치코트와 우산을 쓰고 기쁜 표정으로 물웅덩이를 첨벙거리던 **Gene Kelly**(진 켈리)의 모습을 누가 잊을 수 있을 까요?

*Singin' in the Rain*은 50년대의 고전적인 **MGM** 뮤지컬의 겉모습과 음악의 형태를 규정하는 데 도움을 준 유명한 음악 감독인 **Arthur Freed**(아서 프리드)가 제작했으며 그는 *Annie Get Your Gun*(애니여 총을 잡아라)과 *An American in Paris*(파리의 미국인)와 같은 고전을 감독했습니다. 그가 이 노래의 작곡가이지만 노래 "Singin' in the Rain"이 노래의 제목을 딴 영화보다 거의 30년 앞서고 있다는 말을 들으면 여러분은 놀랄 지도 모릅니다! 그것은 1920년대에 쓰여졌고, 이 영화의 중심 테마가 되기 전에 이미 많은 다른 가수들에 의해 다뤄졌습니다. 이 영화의 **concept**(콘셉트)는 **B&W movies**(흑백 영화)에서 천연색의 **talkies**(유성 영화)

로 1920년대의 할리우드 영화의 변천을 되돌아보는 것입니다. 그 과정의 일환으로 프리드는 오래된 노래들(모두 자신이 공동 작곡한)을 모아 이 노래들 중 많은 것들을 살려내 새로운 히트곡으로 재탄생하게 만들었습니다. 그것은 결국 성공적인 방안이 되었는데, 개봉 당시에는 큰 성공을 거두지 못했지만 *Singin' in the Rain*은 이후 미국영화연구소에 의해 계속 역대 최고의 영화 뮤지컬로 선정되었습니다.

Discussion! 토론하기!

Singin' in the Rain is considered by many to be the best movie musical of all time. What other movie musicals have you seen, and which do you like best? Is there an unfilmed musical that you would like to see get a movie adaptation?

*Singin' in the Rain*은 많은 사람들에 의해 역대 최고의 뮤지컬 영화로 여겨지고 있습니다. 이 영화 외에 다른 뮤지컬 영화를 본 적이 있나요? 어떤 뮤지컬 영화를 가장 좋아하나요? 영화로 아직 만들어지지 않았지만 만들어보고 싶은 뮤지컬이 있나요?

LYRICS
가사

(Doo-doo-doot doo)

I'm singin' in the rain
Just singin' in the rain
What a glorious feeling
I'm happy again

I'm laughin' at clouds
So dark up above
The sun's in my heart
And I'm ready for love

Let the stormy clouds chase
Everyone from the place
Come on with the rain
I've a smile on my face

I'll walk down the lane
With a happy refrain
Just singin',
Singin' in the rain

(두-두-두트 두)

난 빗속에서 노래 부르고 있어요
그냥 비를 맞으면서 노래 부르고 있어요
정말 째지는 기분이네요
다시 행복해져요

난 구름을 비웃고 있어요
매우 어두워요, 저 위는
태양이 내 마음속에 있어요
그리고 난 사랑할 준비가 되어있어요

폭풍우 구름이 그곳에서
사람들 모두를 쫓아내도록 하세요
비가 오기 시작하네요
내 얼굴엔 미소가 가득해요

난 길을 따라 걸을 거예요
행복한 노래를 부르며
그냥 노래 불러요
빗속에서 노래 불러요

LYRICS
가사

Dancin' in the rain
Da da da da da da
I'm happy again

I'm singin' and dancin' in the rain

I'm dancin' and singin' in the rain

 PRONUNCIATION PRACTICE 발음 연습

이 노래에는 rain, glorious, laughing, ready for love처럼 많은 [r]와 [l] 음이 등장하는 특징이 있기 때문에 이 발음을 정확히 구별해서 하는 것이 중요합니다. rain과 lane이라는 운이 맞는 두 단어를 사용해 발음의 차이를 들어볼 수 있습니다.

빗속에서 춤을 춰요
다 다 다 다 다 다
난 다시 행복해져요

난 빗속에서 노래 부르고 춤을 춰요

난 빗속에서 춤을 추고 노래 불러요

 WORDS IN THE LYRICS 어휘

- **glorious** [glɔ́ːriəs] (시간 · 경험 등이) 더할 나위 없는, 최고의
- **laugh** [læf] (소리내어) 웃다
- **cloud** [klaud] 구름
- **stormy** [stɔ́ːrmi] 폭풍우가 몰아치는
- **chase** [tʃeis] ~을 쫓아내다
- **lane** [lein] (시골에 있는 좁은) 길, 도로
- **refrain** [rifréin] (노래 등의) 후렴

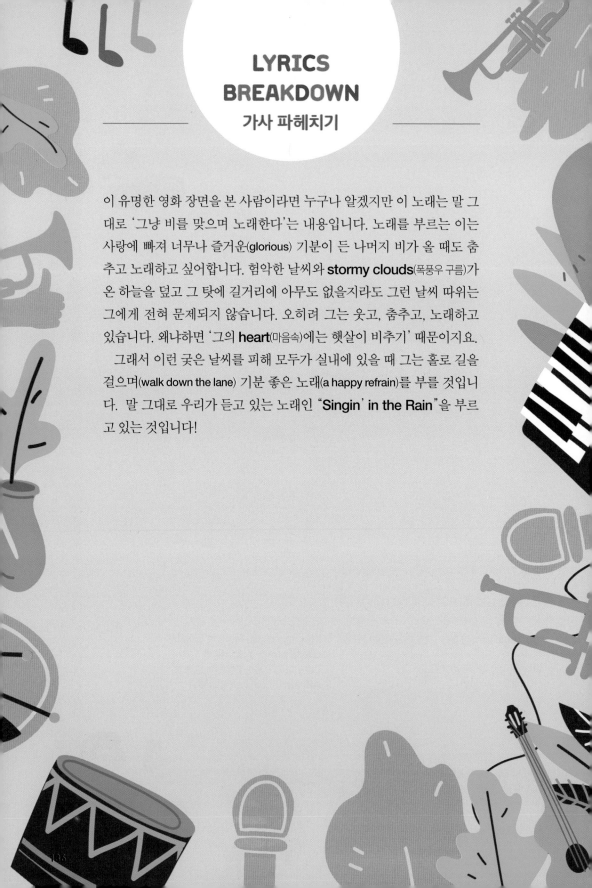

LYRICS BREAKDOWN
가사 파헤치기

이 유명한 영화 장면을 본 사람이라면 누구나 알겠지만 이 노래는 말 그대로 '그냥 비를 맞으며 노래한다'는 내용입니다. 노래를 부르는 이는 사랑에 빠져 너무나 즐거운(glorious) 기분이 든 나머지 비가 올 때도 춤추고 노래하고 싶어합니다. 험악한 날씨와 **stormy clouds**(폭풍우 구름)가 온 하늘을 덮고 그 탓에 길거리에 아무도 없을지라도 그런 날씨 따위는 그에게 전혀 문제되지 않습니다. 오히려 그는 웃고, 춤추고, 노래하고 있습니다. 왜냐하면 '그의 **heart**(마음속)에는 햇살이 비추기' 때문이지요.

그래서 이런 궂은 날씨를 피해 모두가 실내에 있을 때 그는 홀로 길을 걸으며(walk down the lane) 기분 좋은 노래(a happy refrain)를 부를 것입니다. 말 그대로 우리가 듣고 있는 노래인 **"Singin' in the Rain"**을 부르고 있는 것입니다!

ENGLISH STRUCTURES
문장 구조

What a ... feeling!
정말 …한 기분이군요!

'What a + 형용사 + 명사!'의 형태를 사용하여 감탄문을 만들 수 있습니다. 이런 종류의 문장은 놀람, 감탄, 심지어 혐오감과 같은 강한 감정을 표현하는 데 매우 유용할 수 있습니다.

What a great surprise! 정말 놀랍군요!

What a lovely gift! 참으로 사랑스런 선물이에요!

What a ridiculous statement! 정말 말도 안 되는 말씀이군요!

I've a smile on my face
내 얼굴에 미소를 띠다

I'm smiling.이라는 평범한 표현을 하는 대신 좀 더 멋지게 **I've a smile on my face.**라고 말해보는 것은 어떨까요? 앞의 표현에서 **I've**는 **I have**를 뜻한다는 것을 알아 두세요.

"I'm happy to see you," he said with a smile on his face.
"만나서 반가워요." 그가 얼굴에 미소를 띠며 말했습니다.

Singing in the rain

이 노래를 대중적으로 만든 것 중 하나는 **I'm singing in the rain**이라는 이 노래의 매력적인 노랫말입니다. 이 가사의 문장 패턴을 사용하여 다음과 같은 '활동 + 날씨'의 문장을 만들 수 있습니다.

I'm walking in the snow.
나는 눈 속을 걸어요.

I'm laughing in the sunshine.
나는 햇살 아래에서 웃고 있어요.

The girl was crying in the rain.
그 소녀가 빗속에서 울고 있네요.

이 문장은 기상 현상뿐만 아니라 계절, 장소 등 전치사 **in**과 짝을 지을 수 있는 다른 단어들과도 문장을 만들 수 있습니다.

I'm always dieting in the summertime.
저는 여름철에 항상 다이어트를 해요.

The dog is playing in the dirt.
개가 흙 속에서 놀고 있다.

NOW IT'S YOUR TURN!
네 차례야!

Q 이제 여러분이 직접 Singing in the rain 패턴의 문장을 만들어 볼 차례입니다.

1 I'm _____ in the _____ .

2 He's _____ in the _____ .

Q 이제 이 노래의 1절을 활용하여 빈칸을 채우고 학급의 친구들에게 그 노래를 불러주세요.

3 I'm _____ in the _____ .

Just _____ in the _____ .

What a _____ feeling!

I'm _____ again.

— 해답 366 page

ROUNDUP
마무리하기

---

1. 다음의 단어들이 나오는 노래를 골라 바르게 연결하세요.

Edelweiss ·   · rainbow

Moon River ·   · homeland

Singin' in the Rain ·   · lane

A Whole New World ·   · crystal clear

2. "Singin' in the Rain"에서 다음 가사를 채워 써넣으세요.

I'm singin' in the rain, just singing in the rain.

What a _____ feeling, I'm _____ again.

3. 노래 "Edelweiss" 가사에 등장하는 단어가 아닌 것을 고르세요.

small   light   bright   white   clean

4. 우리가 배운 노래의 가사를 다 기억하고 있나요? 다음 노래의 이어지는 가사를 쓰세요.

No one to tell us "no," or where to go

_____

— 해답 367 page

04

Songs of Historic or Social Importance 역사적 또는 사회적으로 중요한 노래

There's no denying the transformative power of pop music, and in this chapter, we'll look at some songs that have had particular social or historical relevance. This could be songs about civil rights, songs that inspired cultural movements, or songs that in other ways were socially important as an emblem of their times. Although many of these songs are from older times, we hope the songs we've picked will continue to inspire you and help you reflect on the world we live in.

대중음악이 세상을 변화시키는 힘을 갖고 있다는 사실을 우리는 부정할 수 없습니다. 이 챕터에서는 사회적, 역사적 관련성을 지닌 몇 곡의 노래들을 살펴보도록 하겠습니다. 이것은 시민권에 관한 노래일 수도 있고, 문화 운동에 영감을 준 노래일 수도 있으며, 다른 면에서는 그들 시대의 상징으로서 사회적으로 중요한 노래일 수도 있습니다. 비록 이들 중 대부분은 오래 전 노래들이지만 우리가 선택한 이 노래들이 계속해서 여러분에게 영감을 주고 우리가 살고 있는 세상을 뒤돌아볼 수 있도록 도와주기를 바랍니다.

transformative[trænsfɔ́rmətiv] 변화시키는
relevance [réləvəns] 관련성
emblem [émbləm] 상징

although [ɔːlðóu] 비록 …이긴 하지만
inspire [inspáiər] 영감을 주다
reflect [riflékt] 비추다

Summertime

1934 · by George Gershwin

SONG STORY
노래 이야기

이번에는 이 책에 실린 노래들 중 가장 오래된 노래 "Summertime"을 살펴보기 위해 시간을 거슬러 올라가 보겠습니다. 1934년에 데뷔한 이 노래는 비록 오래 전에 만들어졌지만 상록수(evergreen) 같은 존재의 노래로 우리가 즐기는 애창곡이 되었습니다.

"Summertime"은 작곡가 George Gershwin(조지 거슈윈)이 오페라 *Porgy and Bess*(포기와 베스)를 위해 작곡한 곡 중의 하나로, 오페라, 재즈, 그리고 전통 흑인 음악을 획기적인 표현으로 혼합한 뮤지컬입니다. 그 쇼의 다른 노래들처럼 가사는 시인 DuBose Heyward(두보세 헤이워드)가 썼으며, 두 작가는 미국 남부 흑인들의 삶을 실제로 반영하는 음악과 가사를 창조해 내는 것을 추구했습니다. "Summertime"이 일반적으로 사교적인 노래로 여겨지지는 않지만 그 쇼가 아프리카계 미국인의 방언으로 노래를 부르는, 출연진이 모두 흑인(all-black cast)인 최초의 쇼 중 하나였다는 사실은 사회적으로 매우 중요하게 여겨집니다.

쇼에서 자장가로 쓰였던 "Summertime" 은 1936년 싱글이 차트 12위에 오른 **Billie Holiday**(빌리 홀리데이)를 시작으로 당대 최고의 가수들에 의해 커버된 후 곧 주류 대중 가요가 되었습니다. 하지만 이 노래는 **Ella Fitzgerald**(엘라 피츠제럴드)와 **Louis Armstrong**(루이 암스트롱)이 1958년 음반 *Porgy And Bess*를 만들 때까지 비교적 알려지지는 않았습니다. 그 앨범과 같은 시기에 개봉된 영화의 성공은 그 노래가 오늘날 우리가 기억하는 클래식 재즈의 표준이 되도록 도와주게 된 것입니다.

재미있는 사실!

"Summertime"은 역대 가장 많이 녹음된 노래로 *The Guinness Book of World Records*(기네스북)에 올랐습니다. 2017년에 최소 6만7천 번의 녹음과 8만2천 번의 라이브 공연이 함께 이루어진 것으로 추정됐습니다. 그 녹음물 중 하나는 1960년 10월 16일 영국 리버풀의 젊은 남자들로 이루어진 그룹이 그 노래를 불렀을 때 이루어졌는데, 알려진 바에 의하면 "Summertime"은 the Beatles(비틀스)가 Ringo Starr(링고 스타)를 드러머로 받아들인 첫 번째 노래였다고 합니다.

LYRICS
가사

Summertime
And the livin' is easy
Fish are jumpin'
And the cotton is high

Your daddy's rich
And your ma is good-lookin'
So hush, little baby
Don't you cry

One of these mornin's
You're goin' to rise up singin'
Then you'll spread your wings
And you'll take to the sky

But until that mornin'
There ain't nothin' can harm you
With daddy and mammy standin' by

 PRONUNCIATION PRACTICE 발음 연습

이 노래는 원래 미국 남부 방언으로 불렸던 노래입니다. 남부지방 말투에 가까이하기 위해 헤이워드는 탈락된 자음의 자리에 어포스트로피를 많이 붙여 그 지역과 시대의 말투를 모방했습니다. mother와 father도 아이들 사이에서 흔히 쓰이는 mommy와 daddy가 아니라 남부 지역에서 특히 사용되는 구어체인 ma나 mammy로 바뀌었습니다. 물론 마지막 절에서 '~가 아니다'라는 의미인 isn't 대신에 ain't 라는 또 다른 남부 방언의 특색을 볼 수 있습니다. 이 문장은 문법적으로 옳지 않습니다. 올바른 문장은 There isn't anything that can harm you.(너를 해칠 수 있는 건 아무것도 없어.)가 되어야 하지만 이 노래에서 헤이워드는 대신 ain't nothing이라는 이중 부정을 사용했고, that도 삭제했습니다.

여름철에는
삶이 편안하고
물고기가 뛰어오르고
목화가 높이 자라지

네 아빠는 부자이고
네 엄마는 미인이란다
그러니 쉿, 귀여운 아가야
울지 마렴

그런 어느 날 아침에
너는 노래를 부르면서 일어나겠지
그러고는 너는 날개를 활짝 펴고
하늘로 날아 오르겠지

하지만 그날 아침이 올 때까지
아무것도 너를 해치지 못할 거야
아빠와 엄마가 네 곁에 있으니까

🎧 WORDS IN THE LYRICS 어휘

- **summertime** [sʌ́mərtàim] 여름철
- **living** [líviŋ] 생활 (양식)
- **cotton** [kátn] 목화
- **ma** [mɑː], **mammy** [mǽmi] 엄마
- **hush** [hʌʃ] 쉿, 조용히 해

- **rise** [raiz] 일어나다
- **spread** [spred] (팔·다리·손가락 등을) 펼치다, 벌리다
- **harm** [hɑːrm] 다치게 하다, 해치다

LYRICS BREAKDOWN
가사 파헤치기

앞서 언급한 바와 같이 이 노래는 사실 잠든 아기에게 불러주는 자장가입니다. 자장가는 조용하고 달래 듯 부르는 노래이므로 이 어머니는 물고기떼와 목화가 지천인 어느 여름날 평화롭고 안락한 삶의 그림을 그리듯 노래합니다. 부유한 아버지와 아름다운 어머니 곁에 있는 아기는 울 이유가 전혀 없겠지요. 느리고 여유로운 속도로 구성지게 부르는 멜로디는 남부지방의 무더운 여름날의 분위기를 완벽하게 보여줍니다.

그러나 1절은 현재에 뿌리를 두고 있지만, 2절에서는 미래를 지향합니다. 언젠가 그 아기는 노래를 부르며 일어설(rise up singing) 것입니다. 이 가사는 종종 흑인들에게 인종적으로 격려하는 표현으로 보여집니다. 소수집단은 다수집단에 저항하기 위해 **rise up**(일어나다)이라는 말로 그들의 정당한 권리를 주장하게 됩니다. 노래하는 이는 이 작은 아기에게 그들(흑인들)이 날개를 이용해서 하늘을 날아오를(take to the sky) 것이라고 말하고 있지만 그녀는 또한 전체적으로 모든 흑인들에게 이렇게 말하고 있는 것입니다. 언젠가 그들은 모두 일어나 자유롭게 날 수 있겠지만 아직은 때가 아닌 것입니다. 그날 아침이 올 때까지(until that morning), 그 시간이 올 때까지 아기는 아빠와 엄마가 곁에 있기 때문에 (daddy and mammy (are) standing by) 어떤 것도 자기를 해치지 않는다는 것을 알고 안전하게 자랄 수 있습니다.

ENGLISH STRUCTURES
문장 구조

spread your wings
날개를 활짝 펴다, 재능을 펼치다

이 표현은 누군가가 성장하고 역량을 펼치도록 격려하는 데 사용됩니다. 마치 새가 날기 위해 날개를 활짝 펴는 것과 같이 인간도 새처럼 역량의 날개를 펼쳐 더 높고 더 좋은 곳에 도달할 수 있습니다.

> **She really spread her wings after entering college.**
> 그녀는 대학에 입학한 후 정말로 재능을 발휘했다.

> **Don't feel bad about his criticism. Just believe in yourself and spread your wings.**
> 그의 비판에 의기소침하지 마세요. 자신을 믿고 날개를 활짝 펴세요.

hush
쉿, 조용히 해

hush는 be quiet(조용히 하다)의 상냥한 표현으로, 특히 아이들이 조용 해지거나 말을 멈추기를 원할 때 표현하는 말로, 동사나 형용사의 형태로 사용될 수 있습니다.

> **Hush, children! I'm trying to sleep!**
> 쉿, 얘들아! 나 자려고 해!

> **When the king appeared, there was a hushed silence among the crowd.**
> 왕이 나타나자 군중들 사이에는 조용한 침묵이 흘렀다.

(**Summertime**
여름철)

계절의 뒤에 **time**을 덧붙여 그 계절 전체에 대해 이야기할 수 있는데, 일반적으로 그 표현과 함께 **in** 또는 **during**과 같은 전치사를 사용합니다.

(A) **In summer, it's very hot outside.**
여름에는 밖이 매우 덥습니다.

(B) **In the summertime, it's very hot outside.**
여름철에는 밖이 매우 덥습니다.

같은 문장 구조가 다른 계절에도 사용될 수 있기 때문에 꼭 여름에만 적용되는 것은 아닙니다.

I always gain weight during the wintertime.
나는 항상 겨울철에 살이 찐다.

It was in the springtime when I first met her.
내가 그녀를 처음 만난 것은 봄철이었습니다.

그러나 가을에 관해서라면 **autumntime**이라고 하지는 않고 대신 **in autumn**이란 형태를 씁니다. 하지만 단어 뒤에 **time**을 덧붙여 **daytime**(낮시간, 주간)이나 **nighttime**(밤, 야간)처럼 말할 수 있습니다.

NOW IT'S YOUR TURN!
네 차례야!

Q 지금이 바로 그 유명한 **Summertime** 노래의 첫 줄을 직접 만들 수 있는 기회입니다. 가사의 패턴을 이용하여 아래의 세 빈칸을 채우세요. 명사와 형용사를 함께 넣어 계절을 다양하게 묘사하세요. 마지막의 것은 임의로 만들어 보세요.

1 Springtime, and the _____.

2 Summertime, and the _____.

3 Wintertime, and the _____.

4 Nighttime, and the _____.

— 해답 368 page

Blowin' in the Wind

1962 • by Bob Dylan

SONG STORY
노래 이야기

사회적 또는 역사적 중요성을 지닌 노래들을 생각해 볼 때 **Bob Dylan**(밥 딜런)만큼 그 장르와 연계된 가수는 없을 것입니다. **the voice of the 60s** (60년대의 목소리)로 칭송받은 딜런은 시위 음악과 대중음악을 융합한 최초의 아티스트였으며, 그는 그의 두 획기적인 히트곡인 "**Blowin' in the Wind**"와 "**The Times, They Are A-Changing**"의 이면에 사려 깊고 사회적으로 의식 있는 가사를 표현했습니다.

이후 이 노래는 **Peter, Paul and Mary**(피터, 폴 앤 메리, 미국의 민요 가수 그룹)로부터 **Sam Cooke**(샘 쿡)에 이르기까지 모두 수백 차례 커버되었고, 심지어 몇 십 년이 지난 2000년대 초 이라크 전쟁에 대항하여 일어났던 것과 같은 현대 시위에서도 그 버전의 노래가 사용되었습니다. 사실 "**Blowin' in the Wind**"는 딜런의 노래에 담긴 깊은 영적 감각을 부각시키며 현대 찬송가로서 많은 가톨릭과 개신교 예배에 사용되기도 했습니다. 21세의 한 젊은이가 카페에서 10분만에 작곡한 노

래라는 점을 생각한다면 그의 영적 통찰력은 더욱 놀랍고, 밥 딜런의 부인할 수 없는 천재성을 강조합니다.

FUN FACT

재미있는 사실!

밥 딜런의 수많은 노래와 마찬가지로 "Blowin' in the Wind"의 멜로디는 "No More Auction Block(더 이상의 흑인 경매는 없음)"이라는 오래된 흑인 영가에서 따온 것입니다. 이 노래는 캐나다에서부터 비롯되었고 1833년 영국이 노예제도를 폐지한 후 그곳을 탈출한 노예들에 의해 불려졌습니다. 1978년 딜런은 한 인터뷰에서 "나는 'No More Auction Block'이라는 흑인 노예들이 부르는 노래의 멜로디를 따왔고, 'Blowin' in the Wind'도 같은 정서를 따른다."고 말했습니다.

LYRICS
가사

How many roads must a man walk down
Before you call him a man?
How many seas must a white dove sail
Before she sleeps in the sand?
Yes, 'n' how many times must the cannonballs fly
Before they're forever banned?
The answer, my friend, is blowin' in the wind
The answer is blowin' in the wind

Yes, 'n' how many years can a mountain exist
Before it's washed to the sea?
Yes, 'n' how many years can some people exist
Before they're allowed to be free?
Yes, 'n' how many times can a man turn his head
And pretend that he just doesn't see?
The answer, my friend, is blowin' in the wind
The answer is blowin' in the wind

사람은 얼마나 많은 길을 걸어야
사람이라고 인정받을 수 있을까요?
흰 비둘기는 얼마나 많은 바다를 날아가야
모래밭에서 편안히 잠들 수 있을까요?
그래요, 그리고 얼마나 많이 포탄이 날아가야
영원히 포탄이 금지될 수 있을까요?
그 대답은, 친구여, 바람 속에 날리고 있다네
그 대답은 날리는 바람 속에 날리고 있어

그래요, 산은 얼마나 많은 세월이 흘러야
바다로 씻겨 내려갈 수 있을까요?
그래요, 그리고 어떤 사람들은 얼마나 많은 세월을 살아야
자유가 허락되는 걸까요?
그래요, 그리고 얼마나 많이 고개를 돌려야
아무것도 보이지 않는 척할 수 있을까요?
그 대답은, 친구여, 바람 속에 날리고 있다네
그 대답은 바람 속에 날리고 있어

LYRICS
가사

Yes, 'n' how many times must a man look up
Before he can see the sky?
Yes, 'n' how many ears must one man have
Before he can hear people cry?
Yes, 'n' how many deaths will it take till he knows
That too many people have died?
The answer, my friend, is blowin' in the wind
The answer is blowin' in the wind

 PRONUNCIATION PRACTICE 발음 연습

이 노래는 노래의 운에 매우 가깝게 딱 들어 맞는 멜로디를 가지고 있어서 어떤 단어들은 우리가 보통 발음하는 형식에 비해 부자연스럽게 들릴 수도 있습니다. 예를 들자면 before라는 단어는 두 개의 기본 음에 깔끔하게 맞게 확장되어 좀 더 과장된 bee 소리와 함께 bee-fore처럼 발음됩니다. 이와 유사하게 people은 음절과 음절 사이를 길게 쉬어 pee-ple로 발음되기도 합니다.

가장 부자연스러운 부분은 forever라는 단어에 대한 어색한 강세와 함께 옵니다. 일반적으로 이 단어는 [fərévər]라고 발음하여 둘째 음절을 강조하지만 이 노래에서는 운에 맞추기 위해 앞 음절에 강세를 두어 [fɔ́:revər]라고 노래하는 것이죠.

그래요, 그리고 사람은 얼마나 많이 올려다 봐야
하늘을 볼 수 있는 걸까요?
그래요, 그리고 사람은 얼마나 많은 귀가 있어야
사람들이 울부짖는 소리를 들을 수 있을까요?
그래요, 그리고 얼마나 많은 사람들이 죽어야
너무나 많은 사람들이 희생됐다는 사실을 알 수 있을까요?
그 대답은, 친구여, 바람 속에 날리고 있다네
그 대답은 바람 속에 날리고 있어

 WORDS IN THE LYRICS 어휘

- **dove** [dʌv] 비둘기
- **cannonball** [kǽnənbɔ̀:l] 포탄
- **ban** [bæn] 금지하다
- **blow** [blou] (바람이) 불다
- **exist** [igzíst] 존재하다
- **wash** [wɑʃ, wɔːʃ] (강·바다 등이) ~을 떠내려[흘러

내려] 가게 하다
- **allow** [əláu] (무엇을 하도록, 가지도록) 허락하다
- **pretend** [priténd] ~인 척하다, 가식적으로 행동
하다
- **death** [deθ] 사망, 죽음, 사망 건수

LYRICS
BREAKDOWN
가사 파헤치기

밥 딜런의 대부분의 노래들처럼 이 노래의 가사도 매우 시적이어서 가사들을 분석하기보다는 그 가사가 무엇을 의미하는지 혹은 우리로 하여금 어떤 점을 느끼게 하는지 생각하는 것이 더 좋습니다. 이 노래의 가사는 두 부분으로 나눌 수 있는데, 첫째는 영원함(timelessness)이 느껴지는 가사로, 딜런은 종종 명확한 해답이 없는 일련의 **riddles**(수수께끼) 같은 질문을 던짐으로써 우리에게 시간의 무한함을 느끼게 하며 세상의 본질과 그 안에 있는 우리의 관계에 대해 질문합니다.

둘째는 평화나 자유(peace or freedom)에 대한 가사로, 딜런이 직접 언급하지 않았지만 이 노래가 평화에 관한 것임은 분명합니다. 그는 평화를 상징하는 **white dove**(흰 비둘기)나 **cannonballs**(대포)와 같은 이미지를 전쟁을 표현하기 위해 사용합니다. 또한 흰 비둘기는 종교적 상징성을 가지고 있습니다. 성경에서 노아는 홍수가 그친 후 방주에서 흰 비둘기 두 마리를 풀어 날려보내 정착하고 쉴 만한 마른 땅이 있는지를 살펴보게 합니다.

결국 이러한 가사의 모호함과 일반성(vagueness and generalness)이 효과적인 저항의 노래를 만드는 것입니다. 그 당시의 시위 노래들은 대부분 특정한 상황이나 사람에 관한 것으로, 이 노래는 사회적으로 불공평한 모든 쟁점에 적용될 수 있으며, 최초의 전 세계적이고 시대를 초월한 시위 노래의 일부입니다. 언제쯤 상황이 나아질까요? 우리는 우리의 환경을 개선하고 평화를 찾을 수 있을까요? 아니면 우리 주변의 모든 상황을 무시한 채 평소의 생활을 이어갈 것인가요? 이 모호한 질문들에 어떻게 대답할 수 있을까요? 대답은 똑같이 모호하지만 **blowing in the wind**, 바로 거기에 있다는 것입니다. 즉, 호흡하고 있는 우리 주변의 공기 중에 있지만 끊임없이 흐르고 움직이며 그 누구의 손으로도 잡을 수 없다는 것입니다.

ENGLISH STRUCTURES
문장 구조

> ### banned
> 금지된

어떤 것이 금지되었다는 것은 그것이 불법이거나 사용하기에 부적합한 것으로 간주되었다는 것을 의미합니다. 우리는 종종 **banning nuclear weapons**(핵무기 금지)나 **banning cigarettes**(담배 금지)와 같은 몇몇 위험한 문제에 대해 말할 수 있습니다. 또 **a banned substance**(금지 약물)처럼 말할 수도 있습니다.

> ### They're allowed to be free.
> 그들은 석방이 허락되었다.

ban(금지하다)과 유사하게 **allow**(허용·허락하다) 또한 상위의 권위를 갖는 다른 사람의 허가를 암시합니다. 이 동사를 사용하여 우리가 어떤 일을 해도 되는지 알아낼 수 있습니다.

Am I allowed to smoke here?
여기서 담배를 피워도 됩니까?

You're not allowed to take photos in this museum.
이 박물관에서는 사진 촬영이 허용되지 않습니다.

How many ~? vs. How much ~?

이 노래에서 **How many ~?**의 질문이 반복적으로 사용되는 것을 보았습니다. 이 형태를 사용하여 사람, 자동차, 구름, 또는 어떤 일이 일어나는 횟수와 같이 셀 수 있는 것의 양에 대해 물어봅니다.

How many people are coming to the party?
파티에 몇 명이 옵니까?

How many dogs do you have?
몇 마리의 개를 키우세요?

How many times must I tell you to get ready?!
준비하라고 몇 번이나 말해야 돼요?!

하지만 개수로 셀 수 없는 것에 대하여 말할 때는 **how many**가 아닌 **how much**로 질문해야 합니다. 셀 수 없는 명사는 **time**(시간) 또는 **water**(물), 혹은 **love**(사랑)과 같은 감정 등 단위로 나눌 수 없는 것들입니다.

How much time does it take to cook this?
이것을 요리하는 데 시간이 얼마나 걸립니까?

How much money do I need to buy these pants?
이 바지를 사려면 돈이 얼마나 필요합니까?

How much love do you have for me?
당신은 나를 얼마나 사랑하나요?

NOW IT'S YOUR TURN!
네 차례야!

Q 이 노래에서 배운 내용을 사용하여 아래의 문장에 **many** 또는 **much**를 덧붙여 봅시다.
마지막 질문의 경우 딜런 스타일로 자신만의 **How** 로 시작하는 질문을 만들어 보세요.

1 How   clouds can you see in the sky?

2 How   sugar do you want in your tea?

3 How   rain will there be this afternoon?

4 How   before   ?

— 해답 368 page

LESSON 3

Imagine

1971 · by John Lennon

SONG STORY

노래 이야기

아마도 "Imagine"만큼 유명한 이상주의 노래는 없을 것입니다. the Beatles(비틀스)의 멤버였던 John Lennon(존 레넌)이 작곡하고 노래한 이 곡은 이상적인 세계란 어떤 것일지에 대한 그의 표현으로 1971년 5월 비틀스가 해체되고 존 레넌이 아내 Yoko Ono(오노 요코)와 함께 두 번째 솔로 앨범을 시작한 지 얼마되지 않아 녹음되었는데 레넌이 살해된 직후인 1981년 1월까지 1위에 오르지는 못했습니다.

레넌은 모순과 실험으로 특징지어진 위태위태한 솔로 경력을 가지고 있었는데, 그의 노래 "Imagine"은 리버풀 출신인 레넌의 진정한 클래식이 되었으며, 2012년 올림픽과 같은 세계적인 행사에서 사용되기도 했습니다. 전 미국 대통령 Jimmy Carter(지미 카터, 제39대 대통령)조차 "In many countries around the world ... you hear John Lennon's song 'Imagine' used almost equally with national anthems."(전 세계의 많은 나라에서 존 레넌의 "Imagine"이 국가와 동등하게 사용되는 것을 듣

JOHN LENNON
'IMAGINE'
R6009

Released as a single
for the first time
in the UK

습니다.)라고 언급한 바 있습니다. 우리에게 **imagine there's no countries**(나라가 없다고 상상해 보라)라고 권고한 그에게 그것은 상당한 성과로 여겨져야 합니다.

재미있는 사실!

"Imagine"의 뮤직 비디오에서는 레넌이 아내 오노 요코가 그의 생일 선물로 사준 상징적인 흰색 피아노를 연주하는 모습을 볼 수 있습니다. 요코는 존이 이 피아노로 곡을 썼기 때문만이 아니라, Imagine a cloud dripping, dig a hole in your garden to put it in. (구름이 뚝뚝 떨어지는 것을 상상해봐요, 당신의 정원에 구멍을 파서 그 구름을 넣어요.)이라는 이전에 출판된 그녀의 시 'Cloud Piece'에서 영감을 많이 받았기 때문에 이 노래를 창작하는 데 도움을 주었습니다. 1980년 BBC 방송과의 인터뷰에서 레넌은 오노가 이 노래를 쓰는 데 기여했다는 것을 인정한다고 말했습니다.

LYRICS
가사

Imagine there's no heaven
It's easy if you try
No hell below us
Above us only sky

Imagine all the people
Living for today (ah ah ah)

Imagine there's no countries
It isn't hard to do
Nothing to kill or die for
And no religion, too

Imagine all the people
Living life in peace, you

[Chorus]
You may say I'm a dreamer
But I'm not the only one
I hope someday you'll join us
And the world will be as one

천국이 없다고 상상해 봐요
당신이 하려고만 하면 쉬운 일이에요
발 아래에는 지옥이 없고
머리 위에는 하늘만 있을 뿐이에요

모든 사람이 오늘을 위해 산다고
상상해 봐요

나라가 없다고 상상해 봐요
그건 어려운 일이 아니에요
죽이거나 무엇을 위해 죽을 이유도 없고
그리고 종교도 없어요

모든 사람들이 평화롭게 산다고
상상해 봐요.

[후렴]
당신은 나를 몽상가라고 말할지도 몰라요
하지만 나 혼자만 이런 생각을 하는 건 아니에요
언젠가 당신도 우리와 함께하길 바라겠어요
그러면 세상은 하나가 될 거예요

LYRICS
가사

Imagine no possessions
I wonder if you can
No need for greed or hunger
A brotherhood of man

Imagine all the people
Sharing all the world, you

[Repeat Chorus]

PRONUNCIATION PRACTICE 발음 연습

레넌은 훌륭한 작곡가였지만 문법에 능숙하지는 못했는데, 여기에는 의문스러운 문장이 몇 개 있기 때문입니다. 예를 들어 imagine there's no countries는 countries가 복수 명사이기 때문에 there are no countries라고 말해야 맞는 것입니다.

또한 and no religion too라는 가사는 and no religion either라야 옳은 문장이 됩니다. I like it, too. (나도 그것이 좋아.)처럼 too는 긍정문에 사용되지만, either는 I don't like it either. (나도 그것이 싫어.)와 같은 부정문에 사용됩니다.

아무것도 소유하지 않는다고 상상해 봐요
당신이 그럴 수 있을지 모르겠어요
욕심을 내거나 굶주릴 필요가 없어져요
형제애만 있을 뿐

모든 사람들이 온 세상을 공유한다고
상상해 봐요

[후렴 반복]

 ## WORDS IN THE LYRICS 어휘

- **imagine** [imǽdʒin] 상상하다
- **heaven** [hévən] 천국, 하늘나라
- **hell** [hel] 지옥
- **country** [kʌ́ntri] 나라, 국가
- **religion** [rilídʒən] 종교
- **dreamer** [drí:mər] 몽상가, 공상가

- **someday** [sʌ́mdèi] 언젠가, 훗날
- **possessions** [pəzéʃənz] 소유물
- **greed** [gri:d] 탐욕, 욕심
- **hunger** [hʌ́ŋgər] 굶주림, 기아
- **brotherhood** [brʌ́ðərhùd] 인류애, 형제애
- **share** [ʃɛər] 공유하다, 공통으로 가지다

LYRICS
BREAKDOWN
가사 파헤치기

이 노래로 존 레넌이 추구하는 바를 이해하기 위해서 **the world will be as one**(세상은 하나가 될 거예요)라는 후렴의 마지막 줄부터 살펴볼 수 있을 것입니다. 레넌은 **brotherhood of man**(형제애)이라는 말처럼 사람들이 서로 분열되지 않고 동등한 관계로 사는 세상을 꿈꾸고 있었습니다. 하지만 레넌은 그 목표가 현재로선 도달하기 어렵다고 생각했습니다. 왜냐하면 **countries**(국가), **possessions**(소유물), **religion**(종교), **greed**(탐욕), **hunger**(굶주림) 같은 우리를 분열시키는 많은 장애물들이 있기 때문입니다. 그래서 레넌은 **nationalism**(국가주의), **capitalism**(자본주의), 그리고 가장 논란이 많은 **heaven or hell** (천국이나 지옥)이 없는 세상을 상상합니다.

그것이 바로 "Imagine"의 교묘한 책략인 것입니다. 단순하고 반복적인 후렴과 겉보기에 청순한 가사의 노래는 매우 무해하고 호감이 가는 노래처럼 들립니다. 그러나 실제로 이 노래의 가사는 어떤 펀치도 가하지 않는 강력한 정치적 발언입니다. 또는 레넌 자신이 말했듯이 이 노래는 반종교적, 반민족주의적, 반관습적, 반자본주의적인 내용의 노래이지만 달콤하게 포장된 노래이기 때문에 거부감 없이 받아들여집니다.

어떤 면에서 이 노래는 우리가 알고 있는 세상보다 더 많은 것을 말해줍니다. 레넌은 이상주의자였지만 자신의 생각을 말하는 것을 두려워하지 않는, 다듬어지지 못한 면을 가진 사람이었습니다. "Imagine"은 다정함과 거친 면 뿐 만이 아니라 그의 경력을 가장 잘 요약한 노래가 될 것입니다.

ENGLISH STRUCTURES
문장 구조

> ## You may say ~.
> ### 당신은 아마도 ~라고 말하겠지요.

누군가의 말이나 생각이 사실이 아님을 보여주기 위해 이 표현을 사용할 수 있습니다. 이 표현은 상대의 의견을 반박하고 자신의 의견을 제시하는 방식으로, 앞의 절 뒤에는 반대 견해를 제시하는 **but**절이 뒤따르는 것입니다.

You may say this is a wild idea, but many people agree with me.
당신은 이것이 터무니없는 생각이라고 말씀하실 지 모르지만 많은 사람들이 제 의견에 동의해요.

You may think this is too expensive, but it's actually a fair price.
이것이 너무 비싸다고 생각할지도 모르지만 사실 타당한 가격입니다.

> ## nothing to kill or die for
> ### 어떤 것도 죽이거나 죽을 이유가 없다

이 표현은 'nothing ~ to ... for'라는 형태로 어떤 행동을 할 이유가 전혀 없다는 것을 나타냅니다. **There's no reason to ...**와 같은 의미입니다.

My life is pointless! I've got nothing left to live for!
내 인생은 무의미해! 난 이제 살 이유가 남아있지 않아!

If everyone was born rich, we'd have nothing to work for.
모두가 부자로 태어났다면 우리는 일할 이유가 없을 것이다.

It's easy if you try 노력하면 쉬워요
It isn't hard to do 하기에 어렵지 않아요

이 노래를 통해 레넌은 우리에게 더 나은 미래를 상상하라고 권고하며 그 미래를 향해 변화를 일으키도록 격려하고 있습니다. 그가 우리를 격려하는 방법 중 하나는 **it's easy if you try**(노력하면 쉬워요)와 **it isn't hard to do** (하기 어렵지 않아요)와 같은 표현을 사용하는 것인데, 이런 표현을 사용하여 그는 이상적인 세계에서 사는 것이 얼마나 쉬울지 보여주려는 것입니다. 무언가를 행동하는 것이 쉽다는 것을 강조하고 싶을 때마다 아래의 유사한 표현들을 사용할 수 있습니다.

- **It's a piece of cake.** 식은 죽 먹기다.

  Sure, I can fix your computer. It's a piece of cake for me.
  네, 제가 컴퓨터를 고칠 수 있어요. 그것은 내게는 식은 죽 먹기이거든요.

- **It's a breeze.** 누워서 떡먹기다.

  I'm 6 feet 5 inches tall, so playing basketball is a breeze.
  나는 키가 6피트 5인치여서 농구를 하는 것은 누워서 떡먹기야.

- **It's not rocket science.** 아주 어려운 일이 아니다.

  Why are people so worried about math? It's not rocket science, anyone can do it.
  왜 모두들 수학 때문에 힘들어하지? 대단히 어려운 일이 아니라서 누구나 할 수 있는데.

- **I could do something with my eyes shut/closed.** 눈 감고도 …을 할 수 있다.

  I'm an expert at making pancakes. I could flip a pancake with my eyes shut.
  저는 팬케이크 만드는 데 능숙합니다. 눈 감고도 팬케이크를 뒤집을 수 있어요.

NOW IT'S YOUR TURN!
네 차례야!

Q 여러분에게 이상적인 세상은 어떤 모습인가요? 여러분은 어떤 종류의 것들을 상상하나요? 어떤 것을 추가하고 어떤 것을 없애겠습니까? 아래 빈칸을 더 나은 세상에서 당신이 상상하는 당신 자신의 것으로 채우세요.

1 Imagine _____, it isn't hard to do.

2 Imagine _____, it's easy if you try.

3 Imagine _____.

4 In an ideal world, I imagine that _____.

— 해답 369 page

Wind of Change

1990 · by the Scorpions

SONG STORY
노래 이야기

독일의 록 밴드인 **the Scorpions**(스콜피언스)가 1990년에 발매한 이 파워 발라드곡은 그 당시 일어났던 다양한 사회적, 정치적 변화를 다루고 있습니다. 이 노래는 엄청난 상업적 성공을 거뒀을 뿐만 아니라 그 이상으로 확대되어 베를린 장벽의 붕괴, 소련 공산 정권의 몰락, 그리고 나아가 냉전의 종말을 고취시킬 희망과 변화를 위한 국가(國歌)가 되었습니다.

"Wind of Change"는 이 밴드의 가수 **Klaus Meine**(클라우스 마이네)가 작곡한 노래로, 이 밴드가 1989년 8월 모스크바 음악 평화 축제에서 연주한 데서 영감을 받았다고 합니다. 당시 러시아는 여전히 대부분의 서구인들에게 폐쇄적인 공산주의 국가였지만 이 밴드는 그 음악 축제의 큰 규모와 자신들 음악의 엄청난 인기에 놀라게 됩니다. 밴드의 멤버들 모두 독일 출신인 그들의 조국도 당시 이념이 서로 다른 동독과 서독으로 나뉘었기 때문에 이 경험이 그들에게 감동을 주었을 것이라는 것은 놀라운 일이 아닙니다. 하지만 록 음악의 힘을 통해 서양 아티스트들과 동양 팬들 사이

의 분열이 사라진 것 같아 이 곡을 쓰게 되었다고 합니다. "**Wind of Change**"는 전 세계에서 가장 많이 팔린 싱글 중 하나가 되어 1400만 장 이상이 팔렸으며, 동시에 독일 아티스트의 베스트셀러 싱글이 되었고, 그 후1991년 스콜피언스는 자신들이 수상한 이 싱글곡의 골드 레코드(싱글판으로 100만 장, **LP** 앨범으로 50만 세트 이상 팔린 레코드(집)의 가수·그룹에 줌)를 소련의 마지막 지도자 **Mikhail Gorbachev**(미하일 고르바초프)에게 증정하여 의미있는 음악 축제가 되었습니다.

FUN FACT !

재미있는 사실!

당시 소련의 수도를 방문할 기회가 없었던 서양인들에게 이 노래의 신비로움을 더하기 위해 이 노래는 실제 장소를 가사에 사용합니다. **Moskva**는 모스크바를 관통하는 강의 이름이며, **Gorky Park**는 모스크바에 있는 도시 공원으로 작가 막심 고리키의 이름을 딴 공원입니다. 또한 **balalaika**(발랄라이카)는 기타와 유사하게 연주하는 삼각형 모양의 베이스를 가진 러시아의 현악기입니다.

 ## Discussion! 토론하기!

"Winds of Change" is forever linked to the Cold War and the fall of the Berlin Wall. What other songs can you think of that are linked to specific historical events?

Wind of Change는 냉전과 베를린 장벽의 붕괴와 영원히 연관되어 있습니다. 특정한 역사적 사건과 관련된 다른 노래들은 어떤 것들이 있을까요?

LYRICS
가사

I follow the Moskva
Down to Gorky Park
Listening to the wind of change
An August summer night
Soldiers passing by
Listening to the wind of change

The world is closing in
Did you ever think
That we could be so close, like brothers?
The future's in the air
I can feel it everywhere
Blowing with the wind of change

[Chorus]
Take me to the magic of the moment
On a glory night
Where the children of tomorrow dream away
In the wind of change

모스크바 강을 따라 내려가
고리키 공원까지 거닐어요
변화의 바람에 귀 기울이면서
8월의 어느 여름 밤
군인들이 지나가고 있어요
변화의 바람에 귀 기울이면서

세계가 가까워지고 있어요
이런 걸 상상이나 했나요
우리가 마치 형제처럼 이렇게 가까워질 거라고
그런 미래가 주위에 감돌아요
어디에서나 느낄 수 있어요
변화의 바람과 함께 불고 있어요

[후렴]
그 마법의 순간으로 날 데려가 주세요
영광의 밤으로요
미래의 아이들이 꿈꿀 수 있는 곳
변화의 바람 속에서

LYRICS
가사

Walking down the street
Distant memories
Are buried in the past forever
I follow the Moskva
Down to Gorky Park
Listening to the wind of change

[Repeat Chorus]

The wind of change
Blows straight into the face of time
Like a storm wind that will ring the freedom bell
For peace of mind
Let your balalaika sing
What my guitar wants to say

[Repeat Chorus]

 🎤 **PRONUNCIATION PRACTICE** 발음 연습

이 노래는 과거에 일어났던 일의 기억이라는 것을 보여주기 위해 I followed the Moskva와 같이 가사를 과거형으로 쓸 수 있었겠지만 그 대신 follow, passing, walking처럼 현재시제를 유지하는 것을 택했습니다. 이것은 노래하고 있는 지금 이 순간 그 일이 일어나고 있는 것처럼 노래를 사건과 시간적으로 더욱 가깝게 만들어 모든 것이 변화하는 현재 순간과 관련이 있음을 강조합니다.

 P.S. 노래에서 이 부분의 휘파람은 알아서 각자 불어야 합니다.

거리를 걸어 내려오면
먼 추억들은
과거 속에 묻혀버리죠 영원히
모스크바 강을 따라 내려가
고리키 공원까지 거닐어요
변화의 바람에 귀 기울이면서

[후렴 반복]

변화의 바람이
이 시대에 그대로 휘몰아치고 있어요
자유의 종을 울리게 해줄 폭풍과 같이
마음의 평화를 위해서 말이죠
당신의 발랄라이카로 연주해 주세요
내 기타가 말하고 싶어하는 것을

[후렴 반복]

 ## WORDS IN THE LYRICS 어휘

- **follow** [fálou] (표지·안내 등을) 따라가다
- **Moskva** [mɔ́ːskvɑ] Moscow(모스크바)의 러시아명(名)
- **Gorky Park** [gɔ́ːrki pɑːrk] (모스크바의) 고리키 공원
- **August** [ɔ́ːgəst] 8월

- **soldier** [sóuldʒər] 군인, 병사
- **glory** [glɔ́ːri] 영광, 영예
- **storm wind** [stɔːrm wind] 폭풍
- **balalaika** [bæ̀ləláikə] 발랄라이카(삼각형 몸통에 줄이 두서너 개 있는 기타 비슷한 악기. 특히 러시아에서 많이 쓰임)

이미 언급했듯이 이 노래는 모스크바 음악 축제에 스콜피언스가 출연한 것에서 영감을 받았습니다. 노래의 첫 머리에서 가수는 자신이 그 축제의 바로 한가운데에 있는 것을 발견하게 되는데 그는 모스크바 강을 따라서 고리키 공원으로 향하고 있고, 아마도 그 장소는 음악 축제가 벌어지고 있는 곳일 것입니다. 주위를 둘러보니 그는 음악을 사랑하는 러시아 사람들로 둘러싸여 있는 자신을 발견하게 됩니다. 그들이 자신의 적이라고 배운 사람들이지만 이제 그들은 음악을 사랑하는 하나의 마음으로 느껴집니다. 심지어 음악을 사랑하는 팬들 사이로 평화롭게 걸어가는 **soldiers**(군인들)의 모습도 보입니다. 이러한 친밀함은 그들을 서로 적이라고 여기지 않고 **brothers**(형제)처럼 느끼게 하며, 사람들을 갈라놓았던 아픈 전쟁의 기억들은 이제 과거 속에 묻혀진(buried in the past) 기억들이 된 것입니다. 대신 그 기억들은 **wind of change**(변화의 바람, 밥 딜런의 상징적인 시위 노래 "Blowin' in the Wind"를 가리키는 구절)를 타고 다가오는 미래로 대체됩니다. **children of tomorrow**(미래의 아이들)가 더 나은 세상을 꿈꾸는 이 축제에 참석하면서 그는 그들이 곧 모두 더불어 살 수 있을 것이라는 희망과 낙관을 느낍니다.

하지만 그게 정말 이 노래에 관한 걸까요? 사실 이 가사에서는 어떤 종류의 콘서트도 언급하지 않았습니다. 이 가사의 걸출함은 대규모 사회 운동을 고무시키기 위해 여러 가지 환경에서 사용될 수 있다는 것입니다. 아마도 사람들은 콘서트장이 아닌 그 노래가 발표된 지 1년 만에 베를린 장벽이 허물어지는 것을 본 것 같은 대규모 시위 현장으로 걸어가고 있는 것이 아닐까 생각됩니다. 전쟁 중인 나라의 사람들, 군인, 민간인들이 모두 동일한 감정이나 정신으로 서로 나란히 걸어갈 수 있다는 것을 상기시킴으로써 이 노래는 평화와 형제애를 위한 강력한 옹호자가 됩니다.

ENGLISH STRUCTURES
문장 구조

I can feel it everywhere
어디에서나 그것을 느낄 수 있다

이 표현은 우리 주위에 만연해 있는 것에 대해 말하는 상투적인 표현으로, **Phil Collins**(필 콜린스)의 "**I Can Feel It Coming in the Air Tonight**"나 **Wet Wet Wet**(웨트 웨트 웨트, 스코틀랜드의 소프트락 밴드)의 "**Love Is All Around**"와 같은 노래들의 첫 소절 가사에서 보듯 **I feel it in my fingers, I feel it in my toes**처럼 유사한 의미를 다양한 표현으로 변형하여 사용하는 것을 볼 수 있습니다.

---

a glorious night
찬란한 밤

스콜피언스는 독일 밴드였으며, 그들이 영어를 유창하게 구사하지 못한다는 점을 이해하면 스콜피언스가 사용한 **a glory night**라는 표현은 사실 문법적으로 잘못임을 알 수 있습니다. **night**는 명사이기 때문에 그 명사를 묘사하려면 **glorious**라는 형용사를 사용해야 합니다. (a glorious feeling에 대해 "Singin' in the Rain"이라는 노래에서 배운 것과 비교해 보세요.) 하지만 **glorious**라는 긴 단어는 노래의 소절에 들어맞지 않을 수 있기 때문에 이 점은 사실 문법적인 실수라기보다는 의도적인 **poetic license**(시적 허용)의 경우일 수도 있겠습니다.

We danced on a glorious night. 우리는 찬란한 밤에 춤을 추었다.

I had a glorious time at your party!
당신의 파티에서 멋진 시간을 보냈어요!

Things change
변화된 것들

이번 레슨에서 우리가 배운 노래는 모든 변화에 대한 노래이므로 다음 표현을 사용하여 사회적, 개인적, 육체적 변화를 어떻게 받아들일 수 있는지 좀 더 자세히 살펴보도록 합니다.

- **I've changed my mind.** 나는 마음을 바꿨어요.

  I used to hate rap music, but now I've changed my mind. Some of it is pretty good!
  예전에는 랩 음악을 싫어했는데 지금은 생각이 바뀌었어요. 랩 음악 중 일부는 꽤 좋아요!

- **I've had a change of heart.** 마음이 변했어요.

  I know I promised to take you to the party, but I've had a change of heart. I just don't want to go.
  제가 당신을 파티에 데려가기로 약속했다는 건 알지만 제 마음이 바뀌었어요. 저는 그냥 거기 가기가 싫어요.

- **You've changed for the better.** 당신은 더 나은 모습으로 변했어요.

  My dad was always so stressed, but after retiring, he's changed for the better.
  우리 아빠는 항상 스트레스를 많이 받으셨지만 은퇴 후엔 더 나은 모습으로 변하셨어.

- **Things are not what they used to be.** 상황이 예전과는 달라요.

  This neighbourhood is so dirty and dangerous now. It's not what it used to be.
  이 동네는 요즘 너무 지저분하고 위험합니다. 예전 같지 않아요.

그런데 이 모든 변화에 대한 말들이 좀 지나치다고 느낀다면 다음과 같이 이를 부정하는 속담도 있습니다.

  The more things change, the more they stay the same.
  변화가 더욱 일어날수록 결국 본질은 같아진다.

NOW IT'S YOUR TURN!
네 차례야!

Q 어렸을 때 이후 여러분의 상황은 어떻게 변화되었나요? 변화된 것들 중 어떤 기억이 나나요?

1 When I was younger, _____ .

2 I remember _____ .

3 There used to be _____ .

4 But that has changed. Now, _____ .

— 해답 369 page

1. 이 챕터에서 학습한 노래를 바탕으로 서로 관련 있는 단어들끼리 연결하세요.

cotton ·   · banned

wings ·   · sky

cannonballs ·   · guitar

balalaika ·   · tomorrow

children ·   · high

2. 이 가사에 있는 단어 중 하나가 바뀌었습니다. 바뀐 단어를 찾아 올바르게 고치세요.

(A) The world is closing in, and did you ever think that we could be so near, like brothers?

(B) You may say I'm a dreamer, but I'm not the only one. I hope maybe, you'll join us, and the world will be as one.

(C) Yes, and how many years can some people exist, before they're allowed to be free? Yes, and how many times can a man shake his head, and pretend that he just doesn't see?

3. 다음 우리말의 영어 단어를 기억하고 있나요?

(A) 허락하다: (B) 펼치다:

(C) 영광: (D) 소유물:

— 해답 370 page

CHAPTER

05

Religious or Celebratory Songs 종교적인 또는 축하하는 노래

From church hymns to gospel music, songs have always played an important part in our religious ceremonies and celebrations. As pop music came to dominate our cultural life, spiritual songs took on more secular forms, often singing more broadly about eternal themes like peace, humanity, death and salvation. But the spirit of gratitude and worship remain the same. And so, we hope that the songs in this chapter will all serve to raise your spirit or soothe your soul.

교회 찬송가에서부터 gospel music(가스펠 음악)에 이르기까지 노래는 항상 우리의 종교적인 의식과 축하 행사에 중요한 역할을 해왔습니다. 대중음악이 우리의 문화생활에 깊숙이 파고들면서 영적인 노래는 더 대중적인 형태를 띠게 되었으며, 흔히 평화, 인간성, 죽음, 그리고 구원과 같은 영원한 주제에 대해 더 폭넓게 노래하게 되었습니다. 하지만 감사와 숭배의 정신은 여전히 변함이 없습니다. 이 챕터의 노래들이 여러분의 마음을 북돋우거나 위로하는 역할을 하기를 바랍니다.

hymn [him] 찬송가
gospel [gáspəl] 복음
ceremony [sérəmòuni] 의식
celebration [sèləbréiʃən] 기념[축하] 행사
dominate [dámənèit] 특징이 되다
spiritual [spíritʃuəl] 정신의
secular [sékjələr] 세속적인

theme [θi:m] 주제
humanity [hju:mǽnəti] 인간성
salvation [sælvéiʃən] 구원
gratitude [grǽtətjù:d] 고마움
worship [wɔ́:rʃip] 예배, 숭배
soothe [su:ð] (마음을) 달래다
eternal [itə́:rnl] 영원한

LESSON 1

What a Wonderful World

1968 · by Louis Armstrong

SONG STORY
노래 이야기

이 챕터에서는 종교적이거나 영적인, 또는 기념하는 메시지로 축하하는 노래를 살펴보는데 이런 노래로는 **Louis Armstrong**(루이 암스트롱)의 "**What a Wonderful World**"만 한 것은 많지 않은 듯합니다. 이 노래는 중요한 시기에 발표되었는데, 1967년 베트남 전쟁의 절정기에 항의 시위가 전 세계적으로 격렬했을 시기에 작곡되었습니다. 이 시기는 그가 유명한 트럼펫을 연주하기에는 너무 늙고 약해진, 록이 지배하는 음악계의 유물이었던 1920년대 **Dixieland jazz**(딕시랜드 재즈, 빠른 리듬의 재즈)의 선구자인 암스트롱에게도 중요한 시간이었습니다. 하지만 인간성과 너그러움에 관한 이 부드러운 노래와 암스트롱의 듣는 이의 마음을 평안하게 하는 익숙한 목소리가 결합하여 전쟁으로 고통받은 수백만 명의 희생자들에게 희망을 가져다주었고, 그 결과 히트를 치게 됩니다.

그리고 루이 암스트롱이 이 노래를 부르게 된 것

은 우연이 아니었습니다. 이 노래의 작곡가인 **Bob Thiele**(밥 틸)과 **George David Weiss**(조지 데이비드 와이스)는 이 노래가 특별히 그의 목소리를 염두에 두고 작곡되었다고 말했는데, 그들은 암스트롱의 다른 인종의 사람들을 하나로 모으는 능력에 영감을 받았기 때문입니다.

재미있는 사실!

노래를 녹음하는 동안 암스트롱은 라스베이거스에 있는 Tropicana Hotel(트로피카나 호텔)에서 콘서트를 하고 있었습니다. 이 때문에 이 곡은 암스트롱의 공연이 끝난 자정 이후 Vegas(베이거스)의 작은 스튜디오에서 녹음해야만 했습니다. 인근을 지나는 화물열차가 두 번이나 경적을 울리면서 녹음 시간을 방해했기 때문에 이 녹음 작업은 상상 이상으로 어려운 일이었다고 합니다!

LYRICS
가사

I see trees of green, red roses too
I see them bloom for me and you
And I think to myself what a wonderful world

I see skies of blue and clouds of white
The bright blessed day, the dark sacred night
And I think to myself what a wonderful world

The colors of the rainbow so pretty in the sky
Are also on the faces of people going by
I see friends shaking hands saying, "How do you do?"
They're really saying, "I love you."

I hear babies crying, I watch them grow
They'll learn much more than I'll never know
And I think to myself what a wonderful world
Yes I think to myself what a wonderful world

● **PRONUNCIATION PRACTICE** 발음 연습

blessed는 곡의 리듬에 맞추기 위해 두 번째 음절에 강세가 있는 ble-ssed로 발음되는데 사실 이렇게 발음하는 것은 옳지는 않습니다. 보통 이 단어는 단음절로 발음되며, -ed가 [-t]로 소리나 [blest]처럼 발음됩니다. 이 규칙은 s, ch 또는 sh 철자로 끝나는 동사(pass, stretch, push 등)에 흔히 있는 일인데, 그렇게 발음하는 것이 더 쉽고 편하기 때문입니다.

푸른 나무들, 붉은 장미가 보여요
당신과 날 위해 피어나는 게 보여요
그리곤 속으로 생각해요, 이 얼마나 멋진 세상인가 하고요

푸른 하늘과 흰 구름이 보여요
축복받은 화창한 낮, 어둡고 신성한 밤
그리곤 속으로 생각해요, 이 얼마나 멋진 세상인가 하고요

하늘에 떠있는 너무나 아름다운 무지개 색
지나가는 사람들 얼굴에도 떠있네요
악수하며 인사를 나누는 친구들이 보여요
그들은 사실 서로 사랑한다고 말하고 있죠

아기들이 울고 있는 소리가 들려요, 난 그들이 자라는 걸 지켜봐요
그 아기들은 내가 아는 것보다 훨씬 더 많은 것을 배울 거예요
그리곤 속으로 생각해요, 이 얼마나 멋진 세상인가 하고요
그래요, 속으로 생각해요, 이 얼마나 멋진 세상인가 하고요

● WORDS IN THE LYRICS 어휘

- **bloom** [blu:m] 꽃을 피우다, 꽃이 피다
- **blessed** [blésid] 복받은
- **sacred** [séikrid] 성스러운, 신성시되는
- **shake hands** 악수하다

이 노래를 묘사할 수 있는 단어가 하나 있다면 그것은 **optimistic**(낙관적)일 것입니다. 이 노래는 세상을 밝고 조화로운 곳으로 봅니다. 사방에 **green trees**(녹색 나무)와 **red roses**(붉은 장미)가 피었고, **clouds of white**(하얀 구름)가 있는 푸른 하늘이 보입니다. 그리고 그 밝고 다양한 색깔들은 우리 주변에 사는 사람들의 외모, 신념, 성격의 차이들에 존재합니다. 비록 우리가 이 **wonderful world**(멋진 세상)에서 사는 것에 대해 설명하기가 어려울지라도 우리는 그것을 의식조차 하지 않고 일상적인 행동으로 표현합니다.

하지만 이 노래와 이 모든 색채 묘사에는 더 깊은 의미가 있으며 이것은 단순한 낙관주의 이상의 의미를 지닙니다. 암스트롱이 무지개의 색깔도 지나가는 사람들의 얼굴(faces of people walking by)에 있다고 노래할 때 그는 말 그대로 그들의 피부색에 대해 이야기하며, 하루가 **bright blessed days**(밝고 축복받은 낮)와 **dark sacred nights**(어둡고 신성한 밤)로 어떻게 구성되어 있는지도 노래합니다. 밝은 색과 어두운 색, 하얀 색과 검은 색 모두 축복받은 것으로 여겨진다는 이 가사는 1960년대 흑인 가수로서 매우 강력한 발언이었습니다. 이 노래가 나왔을 때 암스트롱은 이미 무대 위나 무대 밖에서 백인 사회의 일원으로 받아들여졌습니다. 암스트롱은 만년에 접어들면서 그의 명성을 조국을 여전히 괴롭히고 있는 인종 차별의 문제들을 강조하는 데 사용하기를 원했습니다.

아마도 노래의 마지막 절에 그 문제에 대한 해답이 있을 것입니다. 여기서 가수는 갓 태어난 아기를 바라보며 **They'll learn much more than I will ever know**(그들은 내가 아는 것보다 훨씬 더 많은 것을 배울 것이다)라는 신비한 가사로 노래합니다. 그들은 우리가 꿈도 꿀 수 없는 지식을 소유하게 되고, 그 지식을 사용하여 오늘날의 문제 없는 더 나은 세상을 만들게 될 것이라는 의미일 것입니다. 그러면 세계는 모든 인류에게 정말 멋진 장소가 될 것입니다.

ENGLISH STRUCTURES
문장 구조

think to yourself
속으로 생각하다

입 밖에 내지 않으면서 혼자 속으로 생각할 때 이 표현을 흔히 씁니다. 아울러 혼잣말을 할 때는 **say to yourself**라고 말한다는 것도 알아 두세요.

> Good old Joe, I thought to myself.
> 좋았던 옛 친구 조라고 나는 속으로 생각했다.
>
> I said to myself, "That can't be right."
> "저게 옳을 리 없어."라고 나는 혼잣말을 했다.

Shaking hands saying, "How do you do?"
악수를 하면서 "How do you do?" 라고 말하네요.

서로 인사하는 가장 흔한 방법은 악수하는(shake hands) 것입니다. 악수할 때 우리는 **How do you do?**(처음 뵙겠습니다)나 **How are you?**(잘 지내니?)와 같은 인사말이나 "**Edelweiss**" 챕터에서 배운 다른 인사말들 중 하나를 사용합니다. 악수는 또한 호의의 표시이기도 합니다. 예를 들어, 우리가 거래를 성사시키기 위해 악수를 하는 것처럼 말입니다. 쌍방이 거래 조건에 합의하면 악수는 일종의 비공식 계약을 상징하여 **Let's shake on it.**(합의의 의미로 악수합시다.)라는 표현을 쓰는 경우가 많습니다.

Describing things with colors
사물을 색깔로 설명하기

이 노래에서 색깔의 중요성과 세상에서 보는 다양한 색깔의 여러 부분이 인간에게도 얼마나 큰 다양성을 나타내는지에 대해 살펴보았습니다. 다양한 문장 구조에서 색깔이 어떻게 사용되는지 잠시 살펴봅니다.

첫 번째 방법은 단순히 색깔을 형용사로 사용하고 명사 뒤에 넣는 것입니다. **red roses** 혹은 **dark night** 같은 문장에서 알 수 있습니다.

두 번째 방법은 동사 **is**를 사용하여 문장 주어를 설명하는 것으로 **The sky is blue.** (하늘은 파랗다.)와 같은 문장에서 또는 유명한 **Simon and Garfunkel**(사이먼 & 가펑클) 노래의 **"Leaves That Are Green"**(녹색인 나뭇잎들)에서처럼 말입니다.

마지막 방법은 이 노래에서 가장 많이 사용되는 방법인데 구어체 영어에서는 자주 사용되지 않습니다. 가사를 지은 이는 **of** 전치사를 사용하여 **trees of green, skies of blue** 그리고 **clouds of white**처럼 색깔을 표현합니다.이것은 지극히 시적이며 문어체 구조여서 일상적인 대화에 사용하는 것은 추천하지 않지만 이런 노래에서는 여전히 유용할 수 있습니다. 몇 가지 예를 살펴보자면 지금껏 배운 내용에 따라 세가지 방법으로 작성할 수 있습니다. 나머지 빈칸은 여러분이 원하는 색깔로 채워 보세요.

❶ green trees	❷ trees that are green	❸ trees of green
❶ white waves	❷ waves that are white	❸ waves of white
❶	❷	❸

NOW IT'S YOUR TURN!
네 차례야!

Q 우리가 배운 색깔에 대한 세 가지 표현으로 아래 어구들을 만들어보세요.

1 (A) _____ (B) _____ (C) **fields of yellow**

2 (A) _____ (B) **peppers that are red** (C) _____

3 (A) _____ (B) _____ (C) _____

Q 어떤 종류의 색깔이 세상이 멋진 곳이라는 것을 느끼게 하나요? 색깔이나 혹은 다른 긍정적인 것들을 이용해서 비슷한 가사를 써보세요. 방금 배운 색깔 패턴 중 하나를 사용할 수 있습니다.

4 I see _____

5 I see _____

6 I see _____

— 해답 371page

Rivers of Babylon

1978 · by Boney M

SONG STORY
노래 이야기

Boney M(보니 M)은 잘 알려지지 않은 밴드였습니다. 모두 카리브 제도 출신의 세 명의 여성 가수와 남성 리드 보컬 한 사람으로 구성된 이 밴드는 독일에 기반을 두고 있었으며, 그들의 노래는 독일 프로듀서인 **Frank Farian**(프랑크 파리안)에 의해 작곡 · 제작되었습니다. 게다가 그 가수들은 실제로 노래를 부르지도 않았습니다. 당시에는 알 수 없었지만 음반에서 들리는 굵직한 남성 음성은 사실 파리안의 음성이었으며, 오디오 조작을 이용해 녹음을 했고 여성 보컬은 신빙성이 없는 **session musicians**(객원 음악가)가 녹음한 것으로 드러났습니다. 보니 M의 멤버들은 단지 파리안의 매혹적이며 기억하기 쉬운 디스코 곡에 흥미로운 시각적 반주를 제공하는 역할만을 했습니다. 비록 밴드 멤버들 중 아무도 노래를 부르지 않았지만 그들은 "Sunny", "Rasputin", "Daddy Cool" 그리고 "Rivers of

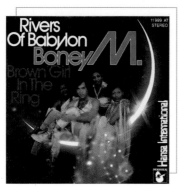

Babylon"과 같은 인기 있는 디스코 음악을 포함하여 많은 히트곡들을 발매하게 됩니다.

 Discussion! 토론하기!

Boney M are infamous for being a "fake band," where the singers did not really sing the songs. Can you think of other bands like this, where the performers did not actually perform the music? Do you think it's important that the front men in a band are the actual performers? Or does it not matter to you?

보니 M은 공연장에서 실제로 노래를 부르지 않는 'fake band(가짜 밴드)'로 유명합니다. 실제로 그 음악을 연주하거나 노래하지 않았던 보니 M과 같은 다른 밴드들을 알고 있나요? 밴드의 프런트 맨(리드 보컬)이 실제 연주자 혹은 가수라는 것이 중요하다고 생각하세요? 아니면 그런 사실이 여러분에게는 별로 중요하지 않은가요?

재미있는 사실!

보니 M이 이 노래를 발표한 첫 번째 밴드가 아니라는 것을 알고 있었나요? 이 노래는 원래 1970년 reggae band(레게 밴드)인 the Melodians (멜로디안스)가 작곡한 곡으로, 가사는 Rastafarian(라스타파리교 신자)의 종교적 믿음을 바탕으로 하고 있습니다. Rastafarianism(라스타파리교)은 자메이카에 기반을 둔 새로운 종교의 일종으로, 이 노래의 원곡 작곡가들은 유대인들의 역경과 이스라엘로 돌아가려는 갈망을 자신들의 억압적인 식민 정부에 대한 불만을 표현하기 위해 사용했습니다.

LYRICS
가사

[Verse 1]

By the rivers of Babylon, there we sat down
Yeah we wept, when we remembered Zion
By the rivers of Babylon, there we sat down
Yeah we wept, when we remembered Zion

[Chorus]

When the wicked
Carried us away in captivity
Required from us a song
Now how shall we sing the Lord's song in a strange land?

[Repeat Chorus]

Yeah, let the words of our mouth and the meditations of our heart
Be acceptable in thy sight here tonight

Let the words of our mouth and the meditations of our hearts
Be acceptable in thy sight here tonight

[Repeat Verse 1]

[1절]
바빌론의 강가에, 거기에 우린 앉아 있었어요
그래요, 우리는 슬퍼 울었어요, 시온을 생각하며
바빌론의 강가에, 거기에 우린 앉아 있었어요
그래요, 우리는 슬퍼 울었어요, 시온을 생각하며

[후렴]
사악한 무리들이
우리를 포로로 멀리 끌고 가서
우리에게 노래를 부르게 했어요
그때 낯선 땅에서 우리가 어떻게 주님의 노래를 부를 수 있겠어요?

[후렴 반복]

그래요, 우리 입술의 말과 우리 마음의 묵상이
오늘밤 하나님이 보고 계시는 이곳에서 열납되게 해주세요

우리 입술의 말과 우리 마음의 묵상이
오늘밤 하나님이 보고 계시는 이곳에서 열납되게 해주세요

[1절 반복]

LYRICS
가사

[Repeat Verse 1]

[Repeat Verse 1]

[Repeat Verse 1]

[Repeat Verse 1]

 PRONUNCIATION PRACTICE 발음 연습

이 노래는 아프리카와 카리브의 영향을 기반으로 하기 때문에 보통 자메이카 억양으로 부릅니다. 그래서 rivers는 [ri-vas]로 더 선명하게 발음되며, wicked는 두 개의 확실한 e로 [wee-keed]로 발음됩니다. 또한 첫 번째 음절에 강세를 두어 [bǽbələn]이라고 발음하는 바빌론은 노래에서는 두 번째 음절이 강조된 [bɑːbíːlən]으로 발음됩니다. 노래를 부를 때 이 악센트가 그 노래의 열대지방적인 분위기를 느껴 꺼려진다면 그냥 표준 미국식 영어로 발음하며 부르면 될 것입니다.

[1절 반복]

[1절 반복]

[1절 반복]

[1절 반복]

 ## WORDS IN THE LYRICS 어휘

- **Babylon** [bǽbələn, -làn] 바빌론(고대 Babylonia 의 수도)
- **weep** [wi:p] 울다, 눈물을 흘리다, 흐느끼다
- **Zion** [záiən] 시온 산 (Jerusalem 성지의 언덕)
- **wicked** [wíkid] 못된, 사악한 (=evil)
- **captivity** [kæptívəti] 감금 상태, 포로 신세

- **require** [rikwáiər] 필요하다, 필요로 하다
- **meditation** [mèdətéiʃən] 명상, 묵상
- **acceptable** [ækséptəbl] 받아들일 수 있는, 허용할 수 있는
- **sight** [sait] 시야
- **thy** [ðai] 당신의(your의 옛말)

LYRICS BREAKDOWN
가사 파헤치기

이 댄스곡의 귀에 쏙쏙 쉽게 들리는 흥겨운 비트를 들으면 왜 우리가 이 곡을 종교적인 노래로 선택했는지 궁금하실 겁니다. 그런데 좀 더 자세히 살펴보면 가사에 성경의 내용이 직접 언급된 것을 볼 수 있고 이 노래 몇 줄의 가사 안에는 많은 역사와 의미가 담겨 져 있습니다! 우선 첫 절을 살펴보면 성경의 시편 137편 1절을 거의 직접 인용한 것입니다.

> By the rivers of Babylon, there we sat down
> Yeah we wept, when we remembered Zion

기원전 586년까지 바빌론 제국은 막강한 세력을 키워 이스라엘을 완전히 정복했고 유대인들은 그들의 고향에서 도망칠 수밖에 없었습니다. "Rivers of Babylon"은 유프라테스 강과 티그리스 강이며 도시 바빌론(현재의 이라크)은 이 두 강이 가로지르는 지점에 건설되었는데 이곳이 바로 붙잡힌 유대인들이 포로로 잡혀 있었던 곳입니다.

계속해서 후렴으로 이어지는데 **the wicked**(악인)가 유대인을 사로잡아 자기들의 도시로 우리를 사로잡아 온(carried us away) 사악한 바빌로니아 인이라는 뜻으로 유대인이 포로로(in captivity) 잡혀서 도망칠 수 없다는 의미입니다. 이제 바빌로니아 사람들은 포로로 사로잡아 온 유대인들에게 노래를 부르도록 강요했는데(required from us a song) 바로 찬송가를 부르도록 강요함으로써 그들을 조롱하고 있는 것입니다.

하지만 유대인들은 노래를 부를 만한 상황이 아닙니다. 그들이 지금 할 수 있는 전부는 **Zion**(시온, 유대인 수도 예루살렘의 별칭)에 있는 자신의 집을 떠올리면서 눈물을 흘리는(weep) 것뿐입니다. 그들은 **"How shall we sing the Lord's song in a strange land?"**(우리가 낯선 땅에서 어떻게 주님의 노래를 부를까?)라며 포로가 되어 사로잡혀 있는 자신들이 어떻게 주님을 찬양하겠는가 라며 큰 소리로 울부짖습니다.

ENGLISH STRUCTURES
문장 구조

sit/sat 와 weep/wept

이 노래는 전체적으로 과거 시제인 것이 특징으로 동사 **sit**와 **weep** 모두 과거 시제 형태인 **sat**과 **wept**으로 쓰였습니다.

I'm tired. Let's sit down a bit.
피곤해요. 좀 앉읍시다.

I couldn't find any seats, so I sat down on the floor.
자리가 없어서 바닥에 앉았어요.

Don't weep. Everything will be OK.
울지 마세요. 모든 게 잘 될 거예요.

She wept for hours when her father died.
그녀는 아버지가 돌아가셨을 때 몇 시간 동안 울었다.

How shall ~?/Shall we ~?

how를 이용한 이런 종류의 질문에서는 보통 **can** 혹은 **should**라는 조동사를 사용하여 어떤 것이 가능한지 물어봅니다. 그러나 이런 경우 약간 구식인 **shall**이라는 조동사를 사용하면 질문은 마치 그들이 하나님께 직접 그들의 고통을 부르짖는 것처럼 들립니다.

Describing locations with prepositions
전치사를 사용하여 위치 설명하기

이 핵심 연구는 이 노래의 가사 첫 줄의 전치사 **by**에 대한 것입니다. 우리는 전치사를 사용하여 두 물체 사이의 상대적 위치에 대해 이야기합니다. 하지만 왜 우리는 강에 대해 말할 때 **by**를 사용할까요? **by**는 **next to**와 비슷한 의미를 가지며, 한 물체가 다른 물체 옆에 놓일 때 그것을 사용합니다. 여기 두 물체의 물리적 관계를 설명하는 전치사의 몇 가지 다른 예가 있습니다.

by (옆에):

I sat down by the river.
나는 강가에 앉았다.

on (~의 표면 위에):

I slept on the beach.
나는 해변에서 잤다.

in (~안에 (~의 내부)):

I swam in the sea.
나는 바다에서 수영을 했다.

in (무엇인가로 둘러싸인):

The plane flew in the sky.
비행기가 하늘을 날았다.

on (~의 면으로: 낙하 또는 착륙):

I fell on the ground.
나는 땅에 넘어졌다.

through (무엇을 통해 이동):

The light shone through the window.
불빛이 창문을 통해 비쳤다.

NOW IT'S YOUR TURN!
네 차례야!

Q 방금 공부한 전치사를 사용하여 아래 문장들을 채우세요. 물체 간의 물리적 관계를 살펴 보는 것을 잊지 마세요.

1 The boy dropped his toy _____ the water.

2 The knife cut _____ the paper.

3 I dipped the teabag _____ my tea.

4 The kids had left their toys _____ the floor.

5 I put down my phone _____ my computer.

— 해답 371 page

Tears in Heaven

1992 · by Eric Clapton

SONG STORY
노래 이야기

이 노래는 아마도 이 책에 수록된 노래 중 가장 슬픈 노래일 것입니다. 1991년 **Eric Clapton**(에릭 클랩턴)이 쓴 노래로, 네 살 난 아들 **Conor**(코너)를 잃은 뒤의 슬픔을 자세히 말하고 있습니다. 1991년 3월 20일 코너는 어머니 친구의 53층 맨해튼 아파트 창문에서 떨어져 사망했는데 클랩턴은 이 사건으로 엄청난 충격을 받았으며, 6개월 동안 어떠한 작품 활동도 하지 않다가 이 노

래를 들고 돌아왔습니다. 1992년 1월 16일 클랩턴은 *MTV Unplugged*(미국 MTV에서 방송되던 음악 프로그램)의 에피소드에서 처음으로 라이브로 노래를 불렀습니다. 진솔하고 고통스러운 보컬과 가사에 이끌린 이 노래는 전세계 청취자들에게 반향을 불러일으켰으며, 그래미상 **Song of the Year**(올해의 노래)를 비롯하여 3개 부문에서 수상했습니다.

FUN FACT !

재미있는 사실!

비록 "Tears in Heaven"이 클랩턴의 가장 인기 있는 노래 중 하나이지만, 그 이후로 그는 투어를 할 때 그 노래를 라이브로 연주하는 것을 그만두었습니다. 왜 이 노래를 연주하지 않느냐는 질문에 클랩턴은 "I really have to connect with the feelings that were there when I wrote [the songs]. They're kind of gone, and I really don't want them to come back."(내가 곡을 만들었을 때 느꼈던 감정들과 진정 연결돼야 하는데, 그런 감정은 좀 사라졌고, 정말로 다시 느끼고 싶지 않아요.)라고 말합니다. 이 노래를 들어보면 그가 그렇게 느낀다는 것은 확실히 이해할 수 있습니다.

LYRICS
가사

[Verse 1]
Would you know my name
If I saw you in heaven?
Would it be the same
If I saw you in heaven?
I must be strong and carry on
'Cause I know I don't belong here in heaven

Would you hold my hand
If I saw you in heaven?
Would you help me stand
If I saw you in heaven?
I'll find my way through night and day
'Cause I know I just can't stay here in heaven

Time can bring you down, time can bend your knees
Time can break your heart, have you begging please, begging please

[1절]
천국에서 너를 만나면
너는 내 이름을 알까?
천국에서 너를 만나면
너는 같은 모습일까?
난 강해지고 꿋꿋하게 살아가야 해
난 여기 천국에 어울리는 사람이 아님을 아니까

천국에서 너를 만나면
내 손을 잡아주겠니?
천국에서 너를 만나면
나를 일으켜 세워주겠니?
난 밤낮으로 내 길을 찾을 거야
내가 여기 천국에 절대로 머물 수 없다는 것을 아니까

시간은 너를 좌절시킬 수 있고, 시간이 너를 굴복시킬 수도 있어
시간은 네 마음을 상하게 할 수 있고, 네가 구걸하고 애원하도록 할 수도 있어

LYRICS
가사

Beyond the door there's peace I'm sure
And I know there'll be no more tears in heaven

[Repeat Verse 1]

 PRONUNCIATION PRACTICE 발음 연습

이 노래는 반복되는 패턴을 중심으로 만들어졌는데, 주요 문장은 Would you로 시작하고 뒤에 if절로 이어지는 질문을 던집니다. if절의 주요 단어는 heaven인데 보통 첫 음절에 짧게 강세를 줍니다. 이 노래에서 클랩턴은 흔히 멜로디에 맞게 첫 음절을 길게 늘리며 강세를 길게 합니다.

이 노래에서 가장 까다로운 부분은 멜로디가 다소 불규칙한 솔로가 있기 전의 연결 부분인데, 그 특징은 bring-bend-break-beg의 네 부분으로 이어지는 b 두운(頭韻)입니다.

저 문 너머엔 평화가 있으리라 확신해
그리고 천국엔 더는 눈물이 없을 거란 걸 알아

[1절 반복]

 WORDS IN THE LYRICS 어휘

- **heaven** [hévən] 천국, 하늘나라
- **carry on** ~을 계속하다
- **belong** [bilɔ́ːŋ] 제자리[알맞은 위치]에 있다
- **stand** [stænd] 서다, 서 있다, 일어서다
- **bend** [bend] 굽히다, 숙이다
- **bring down** ~을 넘어뜨리다
- **beg** [beg] 간청하다
- **tear** [tiər] 눈물

LYRICS
BREAKDOWN
가사 파헤치기

"Tears in Heaven"은 사랑하는 아들을 잃은 상실감과 죽은 아들을 다시 만나고 싶은 강한 소망을 그린 작품입니다. 그는 만약 그들이 천국에서 다시 만날 수 있다면 어떤 일이 일어날지를 상상하며 다음과 같은 몇 가지 질문을 합니다.

Would you know my name? (i.e., Would you recognize me?)
내 이름을 알겠니? (나를 알아보겠어요?)

Would it be the same? 그것도 같을까요?

Would you hold my hand? 내 손을 잡아 주겠니?

Would you help me stand? 내가 서 있도록 도와줄래?

마지막 두 질문은 가수가 자신의 약함을 느끼며 도움을 요청하고 있다는 것을 보여줍니다. 이 노래에서 그는 긍정적인 태도(**I must be strong and carry on.** 나는 강해져야 하고 계속해야 한다.)를 유지하려는 노력과 한편으로는 그를 끌어당기는 깊은 슬픔 사이에서 끊임없이 흔들립니다. 그가 감정적으로 가장 힘들 때 그는 시간이 **bring you down, bend your knees, break your heart, have you begging please**라고 말할 것이라는 것을 인정합니다.

그러나 그 모든 시간이 지나고 나면 모든 고통과 아픔은 그의 아들에게 **beyond the door** (the gates of heaven), **there's peace**(하늘의 문 너머에는 평화가 있단다)라는 결론을 내립니다. 천국으로 가는 사람들은 누구나 자기가 찾고 있는 평화를 찾을 수 있을 것이지만 아들을 잃은 그 아버지는 **I just can't stay here in heaven**(나는 여기 천국에 있을 수 없습니다)이라고 말할 것입니다.

ENGLISH STRUCTURES
문장 구조

I'm sure
확신합니다

보통 어떤 것에 대한 확신을 나타내기 위해 문장 시작 부분에 **I'm sure** 를 사용하지만 노래에서처럼 문장 끝으로 표현을 옮겨서 말하기도 합니다.

> **I'm sure it will rain tomorrow.**
> 내일은 분명 비가 올 거예요.

> **It will rain tomorrow, I'm sure.**
> 내일은 비가 올 거예요, 틀림없어요.

---

the same 같은
not the same 같지 않은

1절에서 클랩턴은 **Would it be the same?**(그것도 같을까요?)라고 묻습니다. 이 표현을 사용하여 어떤 것이 예전과 비슷한지 혹은 우리가 상상하거나 예상한 것과 비슷한지 물어볼 수 있습니다.

> **Will this drink taste the same if I add honey instead of sugar?**
> 이 음료는 설탕 대신 꿀을 넣어도 맛이 똑같을까요?

> **Would my life be the same if we had never met?**
> 만약 우리가 만나지 않았더라면 내 삶은 똑같았을까?

> **I've tried to type on a computer instead of a typewriter, but it's just not the same.**
> 타자기 대신 컴퓨터로 타자를 쳐보려고 했는데 똑같지 않아요.

Would you ~?

"Tears in Heaven"에는 would를 이용하여 묻는 질문이 많이 등장합니다. would로 시작하는 질문은 가상의 타임라인, 특히 비현실적이거나 불가능할 것 같은 가상의 미래에 대해 질문하는 데 사용될 수 있습니다. would를 이용한 몇 가지 문장을 살펴봅니다.

- **Asking for a favor**: 부탁하기

  Would you please be quiet? 조용히 해 주시겠어요?

  Would you please hand me that book? 그 책 좀 저에게 건네 주시겠어요?

- **Asking about taste or desire**: 취향이나 바람에 대한 질문

  Would you like something to drink? 음료수 좀 드시겠어요?

  If you don't like this shirt, would you prefer another style?
  이 셔츠가 마음에 안 드시면 다른 스타일을 원하세요?

- **Talking about the future in "if" hypotheticals**: if를 이용하여 미래를 가정하여 말하기
  [hàipəθétikəl]
  Would you still love me if I got plastic surgery?
  내가 성형수술을 해도 여전히 날 사랑할 거야?

  If you could change one thing about the world, what would it be?
  만약 여러분이 세상의 한 가지를 바꿀 수 있다면 그것은 무엇이 될까요?

NOW IT'S YOUR TURN!
네 차례야!

Q 우리만의 **would** 질문을 만들어 봅시다. 학습한 문장 구조를 바탕으로 빈 곳을 해석한 후 질문에 답해 보세요.

1 Q: if I saw you ten years from now?

A:

2 Q: if I got a tattoo?

A:

3 Q: about your appearance,   ?

A:

— 해답 372 page

You Raise Me Up

2001 · by Josh Groban

SONG STORY
노래 이야기

Westlife(웨스트라이프)나 **Josh Groban**(조시 그로반) 버전의 인기 있는 이 노래를 들어보셨을 겁니다. 하지만 이 노래가 그들 두 사람의 작곡이 아니라는 것을 알고 있었나요? 이 노래는 **Secret Garden**(시크릿 가든)이라는 노르웨이-아일랜드 밴드에 의해 작곡·녹음되었습니다. 이들은 새 앨범에 대한 **demo**(데모, 샘플 음원을 녹음한 노래. demonstration의 준말)를 구상하고 있었으며, 그중 하나가 "**You Raise Me Up**"입니다.

당시 이들은 이 노래를 그다지 대수롭지 않게 여겼으며 이 노래가 음반에 수록돼야 하는지조차 확신하지 못했다고 합니다. 다행히도 그들은 이 음반을 녹음하기로 결정했고 이 싱글은 상당한 성공을 거두어 노르웨이 차트 1위에 오르게 됩니다. 그러나 이 노래는 2년 후 클래식 팝 **crossover singer**(크로스오버 가수. 크로스오버는 클래식과 팝, 재즈와 록, 블루스와 레게 등 한 장르와 다른 장르의 결합을 시도한 연주 형식)인 조시 그로반이 부르고 난 후에야

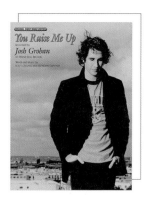

세계적으로 알려지게 됩니다. 굵직하고 부드러운 목소리로 유명한 그로반은 그를 상업성이 짙은 **pop artist**(팝 아티스트)로 알려지게 할 수 있는 노래를 찾고 있었으며, 이후 그는 "**You Raise Me Up**"으로 **the Super Bowl**(슈퍼볼)이나 유명 방송인 **Oprah Winfrey**(오프라 윈프리)의 50번째 생일, 그리고 **NASA**(미국 항공 우주국)의 기념 행사 등에서 감동을 주는 공연을 하게 됩니다. 또한 이 노래는 미국 9.11 테러 추모곡으로 사용되면서 널리 알려졌습니다. 그로반과 웨스트라이프 이외에 이 노래는 공식적으로 125번 이상 커버되었는데, 음반에 실릴 수 있을지조차 불분명했던 곡임을 고려한다면 성공한 노래인 것만은 분명합니다.

FUN FACT !

재미있는 사실!

앞서 언급했듯이 이 노래는 원래 노르웨이-아일랜드 밴드가 작곡한 곡이라는 사실이 멜로디 자체가 아일랜드 민요인 "Danny Boy"와 눈에 띄게 닮은 이유를 설명할 수 있을 것입니다. 그로반 버전의 편곡은 또한 바이올린과 아일랜드 백파이프의 일종인 uilleann pipes(일런 파이프)와 같은 켈트족의 악기가 사용된 점이 두드러진 특징입니다.

LYRICS
가사

When I am down and oh my soul so weary
When troubles come and my heart burdened be
Then I am still and wait here in the silence
Until you come and sit a while with me

[Chorus]
You raise me up, so I can stand on mountains
You raise me up, to walk on stormy seas
I am strong, when I am on your shoulders
You raise me up, to more than I can be

[Repeat Chorus]

You raise me up, so I can stand on mountains (stand on mountains)
You raise me up, to walk on stormy seas (stormy seas)
I am strong (I am strong), when I am on your shoulders (I am strong)
You raise me up, to more than I can be

내가 우울하고 내 영혼이 몹시 지쳤을 때
괴로움이 밀려와 내 마음이 무거울 때
그땐 난 침묵 속에서 가만히 기다려요
당신이 와서 잠시 내 옆에 앉아 있을 때까지

[후렴]
당신이 나를 일으켜 세워 주기에, 나는 산 위에도 설 수 있어요
당신이 나를 일으켜 세워 주기에, 거센 바다도 헤쳐갈 수 있어요
나는 강해요, 당신이 나를 떠받쳐 줄 때
당신이 나를 일으켜 세워 주기에, 나는 더 나은 사람이 될 수 있어요

[후렴 반복]

당신이 나를 일으켜 세워 주기에, 나는 산 위에도 설 수 있어요 (산 위에도 설)
당신이 나를 일으켜 세워 주기에, 거친 바다도 헤쳐갈 수 있어요 (거친 바다도)
나는 강해요 (나는 강해요), 당신이 나를 떠받쳐 줄 때 (나는 강해요)
당신이 나를 일으켜 세워 주기에, 나는 더 나은 사람이 될 수 있어요

LYRICS
가사

You raise me up, so I can stand on mountains (stand on mountains)
You raise me up, to walk on stormy seas (stormy seas)
I am strong, when I am on your shoulders
You raise me up, to more than I can be

You raise me up, to more than I can be

 PRONUNCIATION PRACTICE 발음 연습

이 노래는 부르기에 아주 간단한 편입니다. 유일하게 어려운 부분은 and my heart burdened be라는 가사 부분인데 강세가 my에 있기 때문입니다. 또한 그 문장의 표현은 문장이 동사로 끝나서 다소 이상하게 들리기까지 합니다. 이것은 my heart is burdened의 시적(詩的)인 도치로 동사가 고대 영어의 관습처럼 부정형인 be로 되돌아간 것입니다.

당신이 나를 일으켜 세워 주기에, 나는 산 위에도 설 수 있어요 (산 위에도 설)
당신이 나를 일으켜 세워 주기에, 거친 바다도 헤쳐갈 수 있어요 (거친 바다도)
나는 강해요, 당신이 나를 떠받쳐 줄 때
당신이 나를 일으켜 세워 주기에, 나는 더 나은 사람이 될 수 있어요

당신이 나를 일으켜 세워 주기에, 나는 더 나은 사람이 될 수 있어요

WORDS IN THE LYRICS 어휘

- **weary** [wíəri] (몹시) 지친, 피곤한
- **burden** [bə́:rdn] 부담[짐]을 지우다
- **silence** [sáiləns] 고요, 정적, 침묵

- **raise** [reiz] 일으키다, 일으켜 세우다
- **stormy** [stɔ́:rmi] 폭풍우가 몰아치는
- **shoulder** [ʃóuldər] 어깨

"You Raise Me Up"은 시대를 초월한 단순하고 진심이 담긴 노래입니다. "Amazing Grace"나 "I Saw the Light" 같은 옛 찬송가나 심지어 이 책의 후반부에 등장하는 곡인 "Stand By Me"와 같은 구조를 따르는데, 그 이유는 첫째, 어려움과 암흑기를 노래합니다. I'm down, my soul (is) so weary, troubles come 그리고 burdened와 같은 어구들은 인간이 직면할 수 있는 모든 형태의 고통이나 어려움을 표현합니다. 이 노래는 대조를 사용하여 이 특별한 인물이 우리의 삶에 미치는 엄청난 힘을 보여줍니다. 우리가 힘겨울수록(down) 그 인물은 힘겨운 우리를 더욱 더 높이 세워줍니다(raise). 우리는 그 힘으로 말미암아 산보다도 더 높은 곳에 있을 수 있으며, 예수님이 그러셨던 것처럼 물 위를 걸을 수도 있습니다.

이런 구조와 성경적 이미지를 볼 때 왜 많은 사람들이 이 노래를 찬송가로 여기는지 쉽게 알 수 있습니다. 그러나 이 노래는 사실 그런 의도를 염두에 두고 쓰여진 것은 아닙니다. 작곡가 Rolf Loevland(롤프 뢰블란드)가 어머니에게 이 노래를 헌정했고, 사실 그녀의 장례식에서 처음 이 노래를 연주했기 때문에 훨씬 더 인간적인 깊은 감동이 있는 것 같습니다. 이 노래의 메시지는 매우 많은 면에서 반향을 불러일으켰다는 점이 예배나 결혼식, 장례식 때처럼 매우 다른 환경에서 인기를 얻게 된 이유입니다. 가사의 진정한 의미를 묻는 질문에 뢰블란드는 후에 "You Raise Me Up"을 a song people use for their own stuff(사람들이 자기 자신을 위해 사용하는 노래)라고 대답했는데 이는 이 가사의 보편성을 말해주는 것입니다.

ENGLISH STRUCTURES
문장 구조

> ### when I am down
> ### 내가 우울할 때

언급한 바와 같이 감정의 기복 사이에는 자연적인 대조가 있습니다. 영어에서는 우울하거나 기분이 언짢은 것에 대해 이야기할 때 **I'm down** 또는 **I'm feeling down**이라고 말합니다. 또한 **put someone down** 은 누군가를 비판하거나 초라한 감정이 들도록 혹은 열등한 감정이 들게 한다는 의미의 동사구입니다.

> **Whenever my favorite team loses, I feel down for the rest of the week.**
> 내가 좋아하는 팀이 질 때마다 나는 한 주 동안 우울해집니다.

> **I can't stand the way my boss puts me down by humiliating and insulting me.**
> 나는 상사가 나를 모욕하고 인격적으로 나를 깔아뭉개는 것을 참을 수 없다.

> ### raise me up
> ### 나를 일으키다, 세워 주다

이와 유사하게 무언가를 **raise**한다는 것은 무엇인가를 더 높거나 더 큰 위치에 놓는 것입니다. **elevate**나 **lift**와 같은 비슷한 동사, 혹은 **pick someone, cheer up**과 같은 표현을 사용할 수 있습니다. 심지어 사람의 기분을 좋게 하는 어떤 것(흔히 음식이나 술)이라는 의미로 사용되는 **a pick-me-up**(활력소)이라는 명사 형태도 있습니다.

When I am on your shoulders
당신이 나를 떠받쳐 줄 때

이 노래의 후렴에서는 **When I am on your shoulders**라는 가사를 사용해 힘과 지지를 얻기 위해 누군가에게 기댄다는 표현을 합니다. 신체를 기본으로 나타내는 다른 표현들도 생각해볼까요? 단단한 어깨는 보통 힘을 상징하기 위한 것으로 **stand on the shoulder of giants**(거인의 어깨 위에 서 있다)라는 표현을 합니다. 누군가 이렇게 말한다면 그것은 자신의 현재의 성공을 전에 살았던 사람들의 업적 덕분으로 돌리고 있다는 것을 의미합니다.

유사한 표현으로 **put someone on your back**(누군가를 등에 업다)은 누군가가 잘하지 못할 때 그들을 인도하기 위해 온 힘을 사용하고 있다는 것을 보여주는 것입니다.

> The goalie really put the team on his back and helped win the game.
> [góuli]
> 그 골키퍼는 정말 팀을 잘 이끌어 경기에서 이기는 데 큰 도움을 주었다.

또한 안정성을 상징하는 다른 신체 부위는 발인데, **get back on my feet**(다시 일어서다)는 복서가 쓰러진 후 일어설 때처럼 혼란기 이후 다시 발을 딛는 것을 의미합니다.

> I need to get back on my feet again after losing my job.
> 실직한 이후에 저는 다시 일어서야 합니다.

누군가를 지지하는 것을 나타내려 할 때는 **I've got your back**이라 말하는데 그 누구도 **stab them in the back**(뒤에서 공격하다) 하지 못하도록 한다는 의미입니다.

또 항상 귀를 기울이고 잠시도 한 눈 팔지 않고 지켜보고 있다고 표현하려면 다음과 같이 말할 수 있습니다.

- **청각:** I'm all ears.   네 말을 열심히 듣고 있어.
- **시각:** I only have eyes for you.   내 눈엔 너밖에 안 보여.

NOW IT'S YOUR TURN!
네 차례야!

Q 이제 지금까지 배운 신체 부위를 이용하여 말하는 표현 중 일부를 사용하여 다음 문장을 작성해 봅시다.

1 I know times are difficult, but you will soon ⬚⬚⬚⬚⬚⬚⬚⬚.

2 No, I swear I wasn't looking at that girl! I ⬚⬚⬚⬚⬚⬚⬚⬚.

3 I found out my best friend cheated me out of money.
I never thought he would ⬚⬚⬚⬚⬚⬚⬚⬚⬚⬚⬚⬚.

4 How was your date? Tell me everything! ⬚⬚⬚⬚⬚⬚⬚⬚.

— 해답 372 page

ROUNDUP
마무리하기

1. 노래 "Tears in Heaven"에서 에릭 클랩턴은 네 가지의 **would**로 시작하는 질문을 합니다. 그 질문들을 다 기억하고 있나요? 아래 빈칸에 알맞은 노래 가사를 채워보세요.

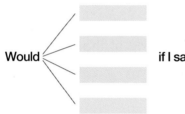

Would ⟨ [ ] [ ] [ ] [ ] ⟩ if I saw you in heaven?

2. 이제 여러분의 기억력을 시험할 시간입니다! 얼마나 많은 노래 가사를 기억할 수 있는지 알아보세요.

(A)   I see _____ of _____. Red _____ too.
       I see them _____. For _____.
       And I _____ to myself. What a _____.

(B)   By the _____ of _____, there we _____ down.
       Yeah we _____, when we _____.

(C)   You _____ me up, so I can _____ on _____.
       You _____ me up, to _____ on _____.

— 해답 373 page

that are part of the grand arc of our lives, leaving a mark on us forever. But for every season, there's a song, and though the seasons may change and people age, these songs will always stay forever young and relevant. So, in this chapter, let's explore some of the music that is inextricably linked to seasons and special occasions.

가을날의 낙엽, 크리스마스 날 아침의 눈 덮인 들판, 화창한 날의 아름다운 결혼식 날, 또는 슬프고 음산한 장례식. 이것들은 우리 삶의 시간을 구성하는 사건들과 기억들입니다. 때로 이러한 사건들은 특정한 때나 일 년에 한 번 규칙적으로 나타나기도 하고, 때로 우리 삶의 거대한 발자취 중의 일부이며, 영원히 우리에게 흔적을 남깁니다. 하지만 계절마다 아름다운 노래가 있고 계절이 변하여 사람들이 나이 들어 가더라도 이 노래들은 우리 곁에서 영원할 것이며 의미가 있을 것입니다. 이 챕터에서는 휴일이나 특별한 이벤트, 그리고 다른 특별한 날들과 떼어내려 해도 뗄 수 없는 관계에 있는 몇 곡의 노래들을 살펴보도록 합니다.

mournful [mɔ́:rnfəl] 애절한
dreary [dríəri] 음울한
funeral [fjú:nərəl] 장례식
regularity [règjulǽrəti] 규칙적인 패턴

arc [ɑ:rk] 둥근[활] 모양
relevant [réləvənt] 관련 있는
explore [iksplɔ́:r] 검토[연구] 하다
inextricably [inikstríkəbli] 불가분하게

White Christmas

1943 · by Bing Crosby

SONG STORY
노래 이야기

이 노래는 지금까지 가장 유명한 크리스마스 노래일 뿐만 아니라 어쩌면 세계에서 가장 유명한 노래일 것입니다. *The Guinness Book of World Records*(기네스북)에 따르면 이 노래의 **Bing Crosby**(빙 크로즈비) 버전은 전 세계적으로 5천만 장 이상 팔렸고, 역대 가장 많이 팔린 노래 중 1위를 차지했습니다. 크리스마스 캐럴에서 뿐만이 아니라 모든 노래를 통틀어서 말입니다!

이 사실에 여러분들은 놀라셨겠지만 당시 빙 크로즈비의 엄청난 인기를 생각한다면 그리 놀랄 일도 아닙니다. 크로즈비는 30~50년대 가수, 배우, 라디오 유명인으로 자리매김한 미국 예능계의 거물 중 한 명으로, 그는 또한 낮은 음역대에서 부르는 캐주얼하고 신나는 형식의 노래인 **crooning**(잔잔한 목소리로 노래하는 것)을 탄생시킨 가수로도 잘 알려져 있습니다. 이 노래를 위해 그는 "Alexander's Ragtime Band", "Blue Skies" 같은 히트곡들과 뮤지컬 *Annie Get Your Gun*을 만

든 전설적인 작곡가 **Irving Berlin**(어빙 벌린)
과 손을 잡았습니다. 두 사람은 함께 미국의
유력한 음악 커플로 간주됩니다. 그리고 그
들이 영화 *Holiday Inn*(홀리데이 인, 연중 다양한
명절을 테마로 한 노래들)을 위해 뭉쳤을 때 그들
이 전설적인 곡을 만든 것은 놀라운 일이 아
니었으며, 그 노래는 결국 1943년 아카데미
주제가상을 받게 됩니다.

재미있는 사실!

벌린은 보통 저녁 식사 후에 작곡
하기 시작하여 오전 4시나 5시까
지 계속되었기 때문에 작곡하기 위
해 흔히 밤을 지새웠다고 합니다.
이 노래가 작곡된 후 그는 한밤중
에 그의 비서에게 전화를 걸어 그
에게 "Grab your pen and take
down this song. I just wrote the
best song I've ever written—heck,
I just wrote the best song that
anybody's ever written!"(펜을 들고
이 노래를 받아적거나. 내가 만든 노
래 중 최고의 것을 작곡했어. 이런! 나
는 아무도 일찍이 작곡하지 못한 최고
의 노래를 작곡했다네!)라고 말했다
고 합니다. 이 노래가 엄청난 성공
을 거둔 것을 본 이후 그 평가에 대
해 논쟁하기는 확실히 쉽지 않습니
다!

LYRICS
가사

[Verse 1]

I'm dreaming of a white Christmas
Just like the ones I used to know
Where the treetops glisten
And children listen to hear sleigh bells in the snow

[Verse 2]

I'm dreaming of a white Christmas
With every Christmas card I write
"May your days be merry and bright
And may all your Christmases be white"

[Repeat Verse 1]

[Repeat Verse 2]

 PRONUNCIATION PRACTICE 발음 연습

이 노래의 가장 중요한 두 단어는 White Christmas이기 때문에 그것들을 정확히 발음할 수 있는 것이 중요합니다. white를 발음할 때 [h]음이 아니라 단어 why의 발음처럼 분명한 [w]음으로 발음해야 합니다. 발음을 한글로 표기하자면 3음절 '화이트'처럼 보일 수 있지만 영어 발음은 '와잍'에 가깝습니다. 또한 '와'와 '이' 모음은 말할 때 부드럽게 연결되기 때문에 실제로는 한 음절로 발음해야 합니다.

이와 유사하게 Christmas는 한글로는 5음절이지만 영어로 발음할 때는 2음절입니다. Christmas에서 Christ는 물론 예수 그리스도를 말하지만(동사 cry의 모음 발음과 유사) Christmas는 오래된 영어 발음인 Crist를 기초로 하고 있으므로 crisp처럼 i를 단모음인 '이'로 발음하는 것입니다. 그리고 마지막 줄의 복수형 Christmases는 'Christ-mas-es'와 같이 마지막에 추가 음절을 갖는다는 것을 잊지 마세요.

[1절]
나는 눈 내리는 크리스마스를 꿈꿔요
내가 전에 알던 그 눈 내리는 크리스마스의 모습들
크리스마스 트리의 끝이 반짝거리고
아이들이 눈 속을 달리는 썰매 방울 소리에 귀기울이는

[2절]
나는 눈 내리는 크리스마스를 꿈꿔요
내가 써 보내는 크리스마스 카드마다
"당신의 하루하루가 즐겁고 활기차기를
그리고 당신의 크리스마스엔 항상 눈이 오기를"

[1절 반복]

[2절 반복]

 WORDS IN THE LYRICS 어휘

- **treetops** [trí:tɑps] 우듬지, 나무 꼭대기
- **glisten** [glísn] 반짝이다, 번들거리다
- **merry** [méri] 즐거운, 명랑한
- **sleigh bells** [slei belz] 썰매 방울

LYRICS
BREAKDOWN
가사 파헤치기

이 노래는 **nostalgia**(향수)라는 한 마디로 요약될 수 있겠습니다. 노스텔지어란 인생에서 행복한 시간을 되돌아볼 때 느끼는 감정입니다. 노래에서는 크리스마스의 모습인 **treetops glisten**(나무 꼭대기가 반짝임) 혹은 **sleigh bells in the snow**(눈 속에서의 썰매 방울)처럼 그 당시 즐거운 일들을 떠올리고 있습니다. 노래를 부르는 이의 마음속에는 '눈이 내리는 크리스마스'란 일종의 이상형인 것입니다. 눈이 없으면 크리스마스는 예전 같지 않습니다.

그렇지만 노스텔지어는 때로 슬픈 감정을 품고 있기도 한데 우리가 회상하는 좋았던 시기는 사라져 버렸고 그 아름다운 추억에 이를 수 있는 유일한 방법은 기억을 통해서입니다. 그렇기 때문에 우리는 화이트 크리스마스를 경험하기보다는 꿈을 꾸고 있는(**dreaming**) 것입니다. 이 '꿈꾸는 것'은 행복한 시간을 되돌아보는 것임과 동시에 또한 그 행복한 시간이 미래에 다시 돌아오기를 바라는 것입니다. 1954년 영화 *White Christmas*에서 크로즈비가 제2차 세계 대전의 참호에서 이 노래를 부를 때 많은 미군 병사들이 크리스마스를 다시는 경험 못할 수도 있었기 때문에 이 참혹함은 더욱 뚜렷하게 느껴졌습니다. 크로즈비가 다음과 같은 소원을 말하게 되어 마지막 두 줄의 가사가 더욱 중요해집니다.

> **May your days be merry and bright**
> 당신의 하루하루가 즐겁고 활기차기를 바랍니다
> **And may all your Christmases be white**
> 그리고 당신의 크리스마스엔 항상 눈이 오기를

우리가 노스텔지어에 대해 알고 있는 것을 생각한다면 이것은 좋은 소망입니다.

ENGLISH STRUCTURES
문장 구조

I used to know
내가 ~을 전에는 알았다

크로즈비는 그가 알던 크리스마스에 대해 노래합니다. 과거에는 규칙적으로 일어났지만 지금은 일어나지 않는 어떤 것에 대해 말하기 위해 **used to**를 사용합니다. 이제는 더는 그 일이 이루어지지 않는다는 점을 강조한다는 점에서 일반적인 과거 시제와는 차이가 있습니다.

I used to take this train every morning when I worked in Jongro.
나는 종로에서 일할 때 매일 아침 이 전철을 타곤 했다.

The bakery that used to be here has now closed down.
전에 여기 있던 빵집이 지금은 문을 닫았어요.

may something/someone do
…이 ~하기를(기원하다)

누군가를 위해 건배하거나 그들이 잘되기를 기원할 때 **may**를 사용하여 다른 사람들의 행복을 바랄 수 있습니다. 이 노래의 가사는 **I hope your days may always be merry and bright**(당신의 매일 매일이 항상 즐겁고 밝기를 바랍니다)의 줄임말입니다.

May your cup always be full!
당신의 잔이 항상 가득차길! (풍요를 기원)

May you always be healthy and happy!
당신이 항상 건강하고 행복하길!

(I'm dreaming of)
나는 ~을 꿈꾼다

이 노래는 'I'm dreaming of + 명사 또는 -ing' 형태를 이용하여 미래에 어떤 것을 소망한다고 말하는 법을 가르쳐 줍니다.

I'm dreaming of my ideal woman.
나는 이상형의 여성을 꿈꾸고 있다.

I'm dreaming of taking a vacation to the Bahamas.
나는 바하마로 휴가를 가는 것을 꿈꿉니다.

I'm dreaming of winning the lottery.
복권에 당첨되기를 꿈꾸고 있어요.

dream이라는 단어를 이렇게 사용할 때, 그것은 동사 **hope**(실현될 가능성이 있는 일)이나 **wish**(현실적으로 실현될 가능성이 거의 없는 일)과 비슷한 기능을 합니다. 이 세 가지 중에서, **dream**은 가장 추상적이고 환상적이며, 따라서 현실에서 일어날 가능성이 가장 적습니다.

I hope we'll get a white Christmas this year.
올해는 화이트 크리스마스면 좋겠어요.

I wish I were 10 centimeters taller.
나는 키가 10센티미터는 더 컸으면 좋겠어.

I'm dreaming of a time when we can all live in peace.
나는 우리 모두가 평화롭게 살 수 있는 시대를 꿈꾸고 있습니다.

NOW IT'S YOUR TURN!
네 차례야!

Q 어떤 때 혹은 어떤 사건을 꿈꾸나요? 그것이 여러분을 향수에 젖게 하나요, 아니면 희망을 품게 하나요? 멋진 시간을 상상하고 학급의 친구들에게 우리가 꿈꾸고 있는 것을 말해봅시다.

I'm dreaming of   .

It's a time when   and   .

When that time comes, I hope that   .

It will make me nostalgic for   .
[nɑstǽldʒik]

— 해답 374 page

Can't Help Falling in Love

1961 · by Elvis Presley

SONG STORY

노래 이야기

이 챕터에서는 이 책에 반드시 등장해야 하는 'King of Rock and Roll'(로큰롤의 왕) Elvis Presley(엘비스 프레슬리)의 가장 유명한 노래 중 하나를 살펴봅니다.

이 노래의 멜로디는 1784년 프랑스 발라드 "Plaisir D'Amour"(사랑의 기쁨)에서 따왔으나 이 노래는 "The Lion Sleeps Tonight"와 "What a Wonderful World"(P.186 참조)의 가사를 쓴 동일한 작사가들에 의해 재작업되어 새로운 미국 가사로 탄생되었습니다. 하지만 엘비스의 부드러운 보컬이 이 노래를 세계적인 히트곡으로 만들었고, 1961년 영화 *Blue Hawaii*(블루 하와이)에 삽입된 이후 백만 장 이상 판매된 음반으로 **platinum record**(플래티넘 레코드)를 얻어냈습니다. 하지만 여러분은 왜 이 노래가 명절이나 특별한 날을 위한 노래를 소개하는 챕터에 등장하는지 궁금할 것입니다. 이 노래는 2005년 엘비스의 노래를 재구성하여 만든 뮤지컬 *All Shook Up*(올 슉 업)에 사용된 이후 새로

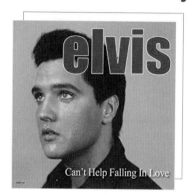

운 관심을 얻었으며, 최근에는 합창곡으로 재구성되어 한국 여러 곳의 결혼식에서 흔히 듣게 되었습니다.

 Discussion! 토론하기!

"Can't Help Falling in Love" is one of many pop songs that have become incorporated into social events like weddings. Is there a specific song that you would want played on your wedding day? How about at your funeral?

"Can't Help Falling in Love"는 결혼식과 같은 이벤트에 자주 사용되는 인기있는 팝송 중의 하나입니다. 여러분의 결혼식 날에 연주하고 싶은 노래가 있나요? 여러분의 장례식에서는 어떨까요?

LYRICS
가사

Wise men say, "Only fools rush in"
But I can't help falling in love with you
Shall I stay?
Would it be a sin
If I can't help falling in love with you?

Like a river flows surely to the sea
Darling so it goes
Some things are meant to be
Take my hand, take my whole life too
For I can't help falling in love with you

Like a river flows surely to the sea
Darling so it goes
Some things are meant to be
Take my hand, take my whole life too
For I can't help falling in love with you
For I can't help falling in love with you

PRONUNCIATION PRACTICE 발음 연습

이 노래는 멜로디의 note(음표)에 정확히 들어가는 짧은 단어들이 많아서 부르기가 꽤 수월합니다. 유일하게 노래 부르기 까다로운 부분은 like a river flows라는 가사에 어울리게 흐르는 듯한 느낌으로 불러야 하는 연결 부분입니다. 또한 노래에 운을 위해 내내 반복되는 많은 s음이 있다는 것을 알아두고 fools와 flows와 같은 단어 끝에 이러한 –s음을 내어 노래하도록 하세요.

현명한 사람들은 말하죠, "바보만이 달려든다"고
하지만 난 당신과 사랑에 빠질 수밖에 없어요
내가 머물러도 될까요?
그건 죄가 될까요
만약 내가 당신과 사랑에 빠질 수밖에 없다면?

강물이 결국 바다로 흘러가듯
사랑하는 그대여, 사랑이란 그런 거예요
어떤 일들은 운명적이니까요
내 손을 잡아요, 내 모든 삶도 가져가세요
왜냐면 나는 당신을 사랑할 수밖에 없으니까요

강물이 결국 바다로 흘러가듯
사랑하는 그대여, 사랑이란 그런 거예요
어떤 일들은 운명적이니까요
내 손을 잡아요, 내 모든 삶도 가져가세요
왜냐면 나는 당신을 사랑할 수밖에 없으니까요
왜냐면 나는 당신을 사랑할 수밖에 없으니까요

 WORDS IN THE LYRICS 어휘

- **wise** [waɪz] 지혜로운, 현명한, 슬기로운
- **fool** [fuːl] 바보 (=idiot)
- **rush** [rʌʃ] 급(속)히 움직이다, (너무 급히) 서두르다
- **sin** [sin] (종교 · 도덕상의) 죄, 죄악
- **flow** [floʊ] 흐르다
- **surely** [ʃʊ́ərli] 확실히, 분명히
- **whole** [hoʊl] 전체[전부]의, 모든, 온전한

이 노래의 가장 유명한 가사는 Wise men say, only fools rush in으로 첫 문장에 있습니다. 이 가사에서 말하는 wise men(현명한 사람)은 누구일까요? 이 말은 유명한 속담인 Fools rush in where angels fear to tread. (천사도 발 들여놓기를 두려워하는 곳에 바보는 달려든다.)라는 말을 만든 영국 작가 Alexander Pope(알렉산더 포프, 1688~1744)가 했던 말로, 어리석은 사람만이 무모하게 정면으로 돌진하는 위험한 상황에 대해 말할 때 사용됩니다. 이 문장은 사랑에 너무 쉽게 빠지지 않도록 절제할 것을 말하지만 사랑에 빠진 사람에게는 그것이 쉽지 않아 사랑에 빠지는 것이 can't help(어쩔 수 없다)라고 호소하는 것입니다.

이 노래는 yes and no의 느낌으로 부릅니다. 즉, 비록 그 사랑을 향해 달려드는 것이 어리석을지라도, 그 사랑이 비록 sin(죄)일지라도, 그 사람은 사랑에 빠지지 않을 수 없습니다. 이유는 2절 부분에서 some things are meant to be라고 설명합니다. 어떤 것들은 항상 바다로 흘러가 끝나야 하는 강물처럼 피할 수 없는(inevitable) 것입니다. 그것은 자연의 법칙이며 그들의 사랑을 자연의 법칙처럼 웅장하고 신비로운 것과 동일시하여 그 사랑을 인정할 수밖에 없는 것입니다.

그래서 결론은 가사의 마지막의 Take my hand, take my whole life too(내 손을 잡아요, 내 모든 삶을 다 가져가세요)에서 나타나는데, 이 노래를 결혼식에서 매우 인기 있게 만든 가사이기도 합니다. 누군가의 손을 잡는다(take someone's hand)는 것은 결혼에 대한 비유이며, 노래에서는 그러한 운명적인(meant to be) 사랑으로 그들이 끝맺을 수 있는 유일한 장소는 강물이 결국 흘러가게 되는 바다가 아니라 그들의 사랑이 비로소 열매를 맺게 되는 결혼이라고 결론짓습니다.

ENGLISH STRUCTURES
문장 구조

> ### take my hand
> ### 내 손을 잡다

서로의 손을 잡는 것에 대해 표현할 때 **hold my hand**라고 하고, 도움을 청할 때는 **give me a hand**라고 말합니다. 그러나 **give someone one's hand**나 **ask for someone's hand**라는 표현은 결혼을 하는 행위를 의미하며, 다음과 같은 말로 청혼을 할 때 흔히 사용됩니다.

여자에게: **Will you give me your hand?**
나와 결혼해 주겠어요?

부모에게: **I'd like to ask for your daughter's hand.**
따님과의 결혼을 허락해 주십시오.

> ### Would it be ~?
> ### ~일까요?

"**Tears in Heaven**"이라는 노래에 대해 이야기하면서 이 노래의 주인공이 사랑에 빠진 여성과 함께 있는 것이 죄가 될지 궁금해하는 것처럼 이 표현이 무언가를 궁금해할 때 어떻게 사용되는지 알아보았습니다. 그러나 이 표현은 또한 조동사 **can**과 유사한 기능을 가진, 무언가를 하기 위한 허가를 요청할 때 사용할 수도 있습니다.

Can I sleep over tonight? Would it be OK if I sleep over tonight?
오늘 밤 자고 가도 괜찮을까요?

Can I sit here? Would it be alright if I sit here?
여기 앉아도 괜찮을까요?

I can't help -ing
어쩔 수 없다

이 노래에서 배울 수 있는 영어 표현의 포커스 는 노래의 주요 문장인 I can't help falling in love with you(나는 당신과 사랑에 빠지지 않을 수 없어요)에서 계속해서 반복됩니다.

　보통 help라는 동사는 누군가를 돕는 것에 대해 말할 때 쓰이지만 그 앞에 can't를 붙이면 can't help, 즉 '어쩔 수 없다'라는 새로운 관용어로 사용되며, 습관이나 중독 등과 같이 피할 수 없거나 행동하기를 멈출 수 없는 것에 대해 이야기할 때 이 표현을 사용합니다. 특히 행동을 바꾸고 싶어도 그렇게 할 수 없는 부정적인 상황에서 사용 됩니다. 예를 들어 이 노래에서 새로운 사랑에 rush in 하는 것이 어리석다는 것을 알 지만 어쨌든 그 사랑을 멈출 수가 없는 것입니다. 이 표현은 이 노래의 falling과 같이 동사의 -ing 형태와 함께 사용하거나 다음 예문과 같이 사용할 수 있습니다.

> I can't help getting angry. 　나는 화를 내지 않을 수 없다.

> Whenever I hear the song, I can't help crying.
> 그 노래를 들을 때마다 나는 눈물을 흘리지 않을 수 없다.

그리고 it나 that과 같은 대명사와 함께 사용할 수도 있습니다.

> I've tried to eat less desserts, but I just can't help it. I love sweet things too much!
> 디저트를 덜 먹으려고 노력했지만 어쩔 수 없어요. 나는 단것을 너무 좋아하거든요!

> If my girlfriend wants to break up with me, I can't help that.
> 여자친구가 나와 헤어지자고 하면 어쩔 수 없어요.

때로 but이 help 뒤에 덧붙여 사용되고 다음과 같이 원형 동사가 뒤따릅니다.

> I can't help but smile when I see her.
> 그녀를 보면 미소 짓지 않을 수 없어요.

NOW IT'S YOUR TURN!
네 차례야!

Q 여러분들은 어떠신가요? 여러분들에겐 하지 않을 수 없는 어떤 일이 있나요? 여러분들이 깨기 힘든 습관들을 표현하기 위해 'I can't help -ing'의 패턴을 사용하여 세 문장을 써보세요.

1 I can't help   .

2 No matter how hard I try, I can't help   .

3   .

— 해답 374 page

Let It Be

1970 · by the Beatles

SONG STORY
노래 이야기

"Let It Be"는 the Beatles(비틀스)의 노래 목록의 가장 인기 있는 노래 중 하나입니다. 이 노래를 들은 대부분의 사람들은 가사 속의 the Virgin Mary(성모 마리아)를 지칭하는 Mother Mary에 대한 부분으로 미루어 짐작하여 이 노래가 가톨릭의 영향을 받았을 것이라고 추측하지만 그보다는 Paul McCartney(폴 매카트니)의 가족 이야기에 더 가깝습니다.

노래가 만들어질 당시 비틀스는 해체 위기에 처했고, 1970년대 그들의 마지막 앨범인 *Let It Be*가 비틀스의 마지막 앨범이 될 것이라는 것을 알고 있었습니다. 미래에 대한 이러한 불확실성 앞에서 네 명의 멤버들은 많은 직업적, 개인적 혼란을 겪고 있었고 폴 매카트니도 예외는 아니었습니다. 그러던 어느 날 밤 폴은 그의 어머니인 Mary McCartney(메리 매카트니)가 그에게 와서 모든 것이 잘될 것이라는 의미로 "Let it be."(그냥 내버려 두어라.)라고 말하는 꿈을 꾸었다고 합니다. 폴의 어

재미있는 사실!

비틀스가 이 노래를 발표한 첫 번째 아티스트가 아니라는 것을 알고 있었나요? 이 노래는 '소울의 여왕'이라고 불리는 **Aretha Franklin**(어리사 프랭클린)이 1969년 12월에 이 음반을 녹음했고, 비틀스가 그들의 버전으로 발표하기 두 달 전인 1970년 1월에 그녀의 앨범 *This Girl's In Love With You*에 수록되었습니다.

머니는 그가 14살 때 돌아가셨고 그래서 폴의 인생에서 가장 힘든 시기에 그녀의 모습이 그에게 깊은 영향을 미쳤다고 하니 우리가 이런 명곡을 갖게 된 것은 이 감성적인 꿈 덕분인 것 같습니다.

이 노래가 이 챕터에 수록된 이유는 장례식에서 연주되는 노래로는 지속적인 인기를 누리고 있기 때문이며, 돌아가신 폴의 어머니와 이 노래가 탄생한 것에는 밀접한 연관성이 있기 때문일 것입니다.

LYRICS
가사

When I find myself in times of trouble, Mother Mary comes to me
Speaking words of wisdom, let it be
And in my hour of darkness she is standing right in front of me
Speaking words of wisdom, let it be

Let it be, let it be, let it be, let it be
Whisper words of wisdom, let it be

And when the broken-hearted people living in the world agree
There will be an answer, let it be
For though they may be parted, there is still a chance that they will
There will be an answer, let it be

Let it be, let it be, let it be, let it be
Yeah, there will be an answer, let it be
Let it be, let it be, let it be, let it be
Whisper words of wisdom, let it be

Let it be, let it be, let it be, yeah, let it be
Whisper words of wisdom, let it be

내가 어려움에 처해 있으면, 어머니 메리께서 내게 와서
지혜의 말씀을 해주시죠, 그냥 내버려 두라고
그리고 내가 암울한 시간 속에 있을 때 어머니 메리께서 바로 내 앞에 서서
지혜의 말씀을 해주시죠, 그냥 내버려 두라고

그냥 내버려 둬, 그냥 내버려 둬, 그냥 내버려 둬, 그냥 내버려 둬
지혜의 말씀을 속삭여 주시죠, 그냥 내버려 두라고

그리고 세상에서 마음의 상처 입은 사람들이 함께 아파할 때
해답이 있을 테니 그냥 내버려 두라고
비록 그들이 갈라서 있다 할지라도 깨달을 기회는 아직 있어요
해답이 있을 테니 그냥 내버려 두라고

그냥 내버려 둬, 그냥 내버려 둬, 그냥 내버려 둬, 그냥 내버려 둬
네, 해답이 있을 테니 그냥 내버려 두라고
그냥 내버려 둬, 그냥 내버려 둬, 그냥 내버려 둬, 그냥 내버려 둬
지혜의 말씀을 속삭여 주시죠, 그냥 내버려 두라고

그냥 내버려 둬, 그냥 내버려 둬, 그냥 내버려 둬, 그냥 내버려 둬
지혜의 말씀을 속삭여 주시죠, 그냥 내버려 두라고

LYRICS
가사

And when the night is cloudy there is still a light that shines on me
Shine until tomorrow, let it be
I wake up to the sound of music, mother Mary comes to me
Speaking words of wisdom, let it be

Let it be, let it be, let it be, yeah, let it be
There will be an answer, let it be
Let it be, let it be, let it be, yeah, let it be
There will be an answer, let it be
Let it be, let it be, let it be, yeah, let it be
Whisper words of wisdom, let it be

PRONUNCIATION PRACTICE 발음 연습

words of wisdom(지혜의 말씀)이라는 말은 한국인들이 [w]음을 발음하는 데 어려움이 있기 때문에 발음하기 쉽지 않을 수 있습니다. 이 발음을 자연스럽게 하기 위한 열쇠는 사실 [əv]라고 한 음절로 상당히 빠르게 발음해야 하는 전치사 of인데, 이것을 절대 두 음절 '어브'로 발음해서는 안 됩니다. 추가로 한 가지 요령은 첫 번째 단어에서 짧은 두 번째 단어의 모음으로 자음 소리를 전달하여 더 많은 연속적 흐름을 만드는 것입니다. 그래서 words of는 마치 [word-suv]처럼 들리게 됩니다. 마찬가지로 let it be도 이런 식으로 불러 [ledit be]로 발음합니다. 여러분도 물 흐르듯 자연스럽게 노래하고 싶을 때마다 끝 자음과 시작 모음을 연결하는 이 기술을 기억하세요!

그리고 밤에 구름이 끼어 있을 때도 여전히 나를 비추는 한 줄기 빛이 있고
내일까지 비칠 테니, 그냥 내버려 두세요
음악 소리에 잠을 깨면, 어머니 메리께서 내게 와서
지혜의 말씀을 들려주시죠, 그냥 내버려 두라고

그냥 내버려 둬, 그냥 내버려 둬, 그냥 내버려 둬, 그냥 내버려 둬
해답이 있을 테니 그냥 내버려 두라고
그냥 내버려 둬, 그냥 내버려 둬, 그냥 내버려 둬, 그냥 내버려 둬
해답이 있을 테니 그냥 내버려 두라고
그냥 내버려 둬, 그냥 내버려 둬, 그냥 내버려 둬, 그냥 내버려 둬
지혜의 말씀을 속삭여 주시죠, 그냥 내버려 두라고

 WORDS IN THE LYRICS 어휘

- **wisdom** [wízdəm] 지혜, 슬기
- **darkness** [dάːrknis] 절망, 비애, 암울함
- **whisper** [hwíspər] 속삭이다, 소곤거리다, 귓속말을 하다
- **broken-hearted** [bróukən hɑːrtid] 가슴이 미어질 듯한, 상심한; 실연한.
- **part** [pɑːrt] (연인 · 부부가) 갈라서다
- **cloudy** [kláudi] 흐린, 구름이 잔뜩 낀 (↔ clear)

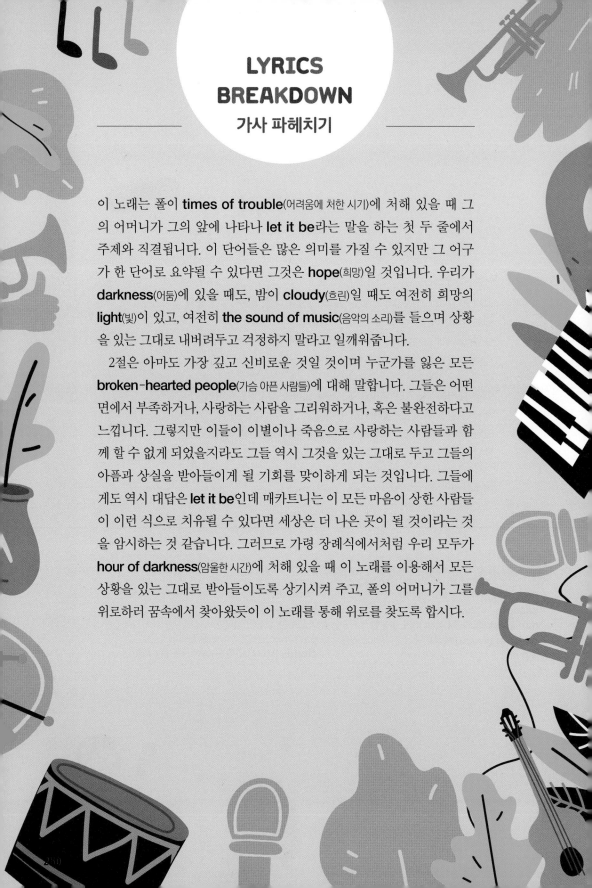

LYRICS BREAKDOWN
가사 파헤치기

이 노래는 폴이 times of trouble(어려움에 처한 시기)에 처해 있을 때 그의 어머니가 그의 앞에 나타나 let it be라는 말을 하는 첫 두 줄에서 주제와 직결됩니다. 이 단어들은 많은 의미를 가질 수 있지만 그 어구가 한 단어로 요약될 수 있다면 그것은 hope(희망)일 것입니다. 우리가 darkness(어둠)에 있을 때도, 밤이 cloudy(흐린)일 때도 여전히 희망의 light(빛)이 있고, 여전히 the sound of music(음악의 소리)를 들으며 상황을 있는 그대로 내버려두고 걱정하지 말라고 일깨워줍니다.

2절은 아마도 가장 깊고 신비로운 것일 것이며 누군가를 잃은 모든 broken-hearted people(가슴 아픈 사람들)에 대해 말합니다. 그들은 어떤 면에서 부족하거나, 사랑하는 사람을 그리워하거나, 혹은 불완전하다고 느낍니다. 그렇지만 이들이 이별이나 죽음으로 사랑하는 사람들과 함께 할 수 없게 되었을지라도 그들 역시 그것을 있는 그대로 두고 그들의 아픔과 상실을 받아들이게 될 기회를 맞이하게 되는 것입니다. 그들에게도 역시 대답은 let it be인데 매카트니는 이 모든 마음이 상한 사람들이 이런 식으로 치유될 수 있다면 세상은 더 나은 곳이 될 것이라는 것을 암시하는 것 같습니다. 그러므로 가령 장례식에서처럼 우리 모두가 hour of darkness(암울한 시간)에 처해 있을 때 이 노래를 이용해서 모든 상황을 있는 그대로 받아들이도록 상기시켜 주고, 폴의 어머니가 그를 위로하러 꿈속에서 찾아왔듯이 이 노래를 통해 위로를 찾도록 합시다.

ENGLISH STRUCTURES
문장 구조

> ### words of wisdom
> ### 지혜의 말씀

흔히 'wise'(현명한)한 조언에 대해 이야기할 때 이 표현을 사용하며, 이 표현에는 속담이나 격언이라는 뜻의 sayings, proverbs, maxims와 같은 많은 유의어가 있습니다.
[mǽksimz]

> ### though we may be parted
> ### 비록 우리가 헤어질지라도

though는 although나 even though의 축약된 형태로, although나 even though보다 좀 더 문학적으로 들리며, 한 음절밖에 되지 않기 때문에 가사를 박자에 맞추려는 작곡가들에게 유용한 대안이 될 수 있습니다.

Though he's only 3 years old, my son already speaks English well.
아직 3살밖에 되지 않았지만 내 아들은 벌써 영어로 말을 잘합니다.

Though he's retired, he's still very active.
그는 은퇴했지만, 여전히 매우 활동적이다.

Let
~하게 두다, ~하도록 허락하다

동사 **let**은 일반적으로 '어떤 일이 일어나도록 허용한다'는 것을 의미하는데 이 동사는 누군가에게 어떤 일을 허락하거나 또는 예를 들어 지금 배우는 노래 "**Let It Be**"나 *Frozen*(겨울 왕국)이라는 애니메이션 영화의 삽입곡인 "**Let It Go**"와 같이 어떤 일이 방해받지 않고 자연스럽게 진행되도록 두는 상황 둘 다 사용됩니다.

여러분은 삶의 흐름을 거스르려 하지 마세요. 만약 바꿀 수 없는 것을 바꾸려고 한다면 우리는 만족하지 못할 것이지만 그냥 있는 그대로 내버려둔다면 마음에 평안을 얻을 수 있을 것입니다.

- **permission** 허락, 허가

  I'll let you watch T.V. after you finish your homework.
  숙제를 다 끝내면 TV를 볼 수 있도록 허락할게.

  OK, I'll let you borrow my car, but only if you return it by Sunday night.
  네, 일요일 밤까지 차를 돌려주신다면 제 차를 빌려 드리도록 할게요.

  Will you let me buy you dinner?
  제가 저녁을 대접해도 될까요?

- **acceptance** 수락

  That man insulted me, but I decided to just let it pass.
  그 남자가 나를 모욕했지만 나는 그냥 넘어가기로 했습니다.

  I'm tired of you lying to me. I won't let it slide anymore!
  네가 나한테 거짓말하는 거 이제 지겨워. 더 이상 그냥 넘어가지 않을 거야!

  If you let the water flow overnight, your pipes won't freeze.
  밤새 물을 흐르게 해 놓으면 파이프가 얼지 않을 것입니다.

NOW IT'S YOUR TURN!
네 차례야!

Q 여러분은 어려울 때 누구에게 의지합니까? 그들이 어떤 방법으로 도왔나요? 그들이 어떤 충고를 했나요?

1 When I find myself in times of trouble   comes to me.

2 He/she   .

3 Some of his/her words of wisdom are   .

4 When it comes to   , I realize I can't change it. So, I just let it be.

— 해답 375 page

LESSON 4

Auld Lang Syne

1788 · by Robert Burns

SONG STORY
노래 이야기

"Auld Lang Syne"은 역설적인 노래입니다. 지금까지 가장 잘 알려진 멜로디 중 하나를 가지고 있는 노래이지만 거의 아무도 그 가사의 의미를 알지 못합니다. 매년 수백만 명의 사람들이 이 노래를 부르지만 심지어 대부분의 사람들은 노래의 제목조차 모릅니다. 이 노래는 정확히 어디서 만들어졌고, 누가 만들었으며, 왜 전 세계 사람들은 매년 **New Year's Eve**(새해 전야)에 이 노래를 부를까요?

비록 전통 민요처럼 들리지만 "Auld Lang Syne"은 유명한 스코틀랜드 시인 **Robert Burns**(로버트 번스)가 작사했으며, 그는 스코틀랜드 방언과 민속 문화를 찬양하는 애국 시를 지은 것으로 유명하며, 이 노래도 예외는 아닙니다. 이 멜로디는 번스가 한 노인에게서 들은 민요에 근거하여 만든 것으로 보이며, 자신의 가사가 더해진 것으로 생각됩니다.

노래 속에 담긴 내용이 옛 시절을 회상하는 향수 어

린 가사임을 감안하여 스코틀랜드 사람들은 곧 이 노래를 적극적으로 받아들였고, 그들의 친목 모임과 축하하는 자리에서 이 노래를 불렀습니다. 하지만 이것을 새해의 전통으로 바꾼 것은 유명한 미국의 밴드 리더 **Guy Lombardo**(가이 롬바르도)였는데, 그의 오케스트라가 1929년 **TV**로 방영된 새해 공연에서 시계가 12시를 치자 이 곡을 연주했습니다. 그날 이후로 오늘날까지 매년 1월 1일이 시작될 때 이 노래를 부르는 전통이 시작되었습니다.

재미있는 사실!

스코틀랜드와 아일랜드 이민자들이 전 세계로 퍼져 나가면서 그들은 전통을 함께 가지고 갔습니다. 곧 이 멜로디는 한국을 포함한 모든 사람들에게 친숙하게 다가왔고, 기독교 선교사들에 의해서 '작별'이라는 제목으로 소개되었습니다. 실제로 1919년부터 1945년까지 그 선율이 대한민국 망명 정부의 애국가로 사용되었고, 안익태 선생에 의해 만들어진 지금의 애국가가 만들어지기 전인 1945년부터 1948년까지 대한민국의 공식 애국가의 멜로디였습니다.

LYRICS
가사

Should old acquaintance be forgot,
And never brought to mind?
Should old acquaintance be forgot,
And old lang syne?

[Chorus]
For auld lang syne, my dear,
For auld lang syne,
We'll take a cup of kindness yet,
For auld lang syne.

And surely you'll buy your pint cup!
And surely I'll buy mine!
And we'll take a cup o' kindness yet,
For auld lang syne.

[Repeat Chorus] x 2

 PRONUNCIATION PRACTICE 발음 연습

노래에서 가장 까다로운 부분은 스코틀랜드의 전통적인 단어인 auld, lang과 syne을 발음하는 것이기 때문에 원곡을 들으면서 적절한 발음을 배우도록 하는 것이 좋습니다. 또한 cup o' kindness라는 어구에 주목하세요. 이 책의 첫 곡인 "California Dreamin'"에서 보았듯이 apostrophe(아포스트로피)를 사용하여 일반적으로 우리가 말하는 패턴에 가깝게 발음하기 위해 일부 음절을 제거할 수 있습니다. 여기서 of는 간단히 o'로 줄였지만 노래를 부를 때는 [ɔ]보다 [ə]로 발음됩니다.

256

오랜 지기를 잊어야 하는가,
그리고 다시 떠올리지 말아야 하나?
오랜 지기를 잊어야 하는가,
그리고 그리운 시절을?

[후렴]
그리운 시절을 위해, 내 친구여,
그리운 시절을 위해,
아직은 우정의 잔을 함께 드세,
그리운 시절을 위해.

그리고 분명 자네는 맥주 한 잔을 살 것이고!
그리고 분명 나는 내 잔을 살 테니!
아직은 우정의 잔을 함께 드세,
그리운 시절을 위해.

[후렴 반복] x 2

WORDS IN THE LYRICS 어휘

- **acquaintance** [əkwéintəns] 아는 사람, 지기, 알고 지내는 사이
- **auld lang syne** [ɔːld læŋ sain] 올드랭사인
- **kindness** [káindnis] 친절, 다정함
- **forget** [fərgét] 잊다
- **cup** [kʌp] 음료 한 잔
- **pint** [paint] 파인트(액체의 부피 단위, 0.47리터)

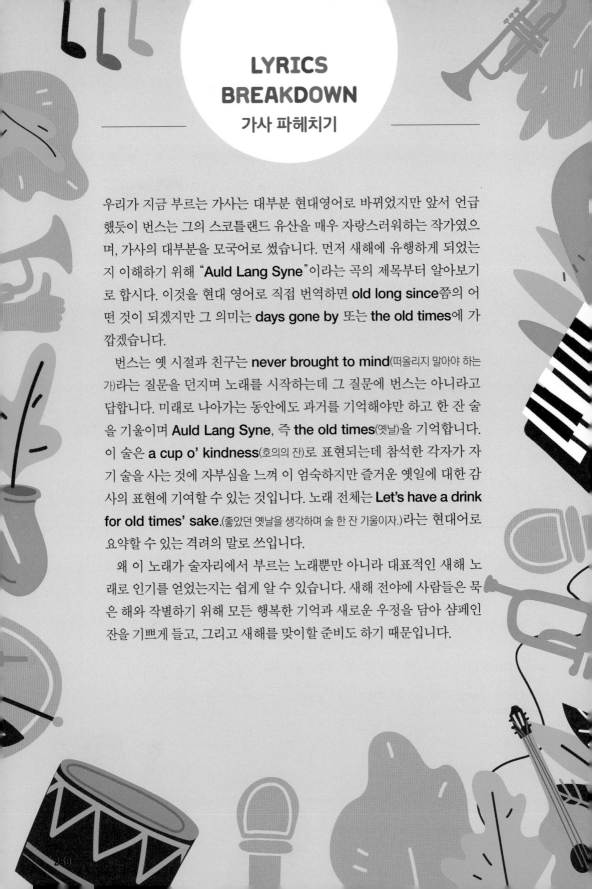

우리가 지금 부르는 가사는 대부분 현대영어로 바뀌었지만 앞서 언급했듯이 번스는 그의 스코틀랜드 유산을 매우 자랑스러워하는 작가였으며, 가사의 대부분을 모국어로 썼습니다. 먼저 새해에 유행하게 되었는지 이해하기 위해 "Auld Lang Syne"이라는 곡의 제목부터 알아보기로 합시다. 이것을 현대 영어로 직접 번역하면 **old long since**쯤의 어떤 것이 되겠지만 그 의미는 **days gone by** 또는 **the old times**에 가깝겠습니다.

번스는 옛 시절과 친구는 **never brought to mind**(떠올리지 말아야 하는가)라는 질문을 던지며 노래를 시작하는데 그 질문에 번스는 아니라고 답합니다. 미래로 나아가는 동안에도 과거를 기억해야만 하고 한 잔 술을 기울이며 **Auld Lang Syne**, 즉 **the old times**(옛날)을 기억합니다. 이 술은 **a cup o' kindness**(호의의 잔)로 표현되는데 참석한 각자가 자기 술을 사는 것에 자부심을 느껴 이 엄숙하지만 즐거운 옛일에 대한 감사의 표현에 기여할 수 있는 것입니다. 노래 전체는 **Let's have a drink for old times' sake.**(좋았던 옛날을 생각하며 술 한 잔 기울이자.)라는 현대어로 요약할 수 있는 격려의 말로 쓰입니다.

왜 이 노래가 술자리에서 부르는 노래뿐만 아니라 대표적인 새해 노래로 인기를 얻었는지는 쉽게 알 수 있습니다. 새해 전야에 사람들은 묵은 해와 작별하기 위해 모든 행복한 기억과 새로운 우정을 담아 샴페인 잔을 기쁘게 들고, 그리고 새해를 맞이할 준비도 하기 때문입니다.

ENGLISH STRUCTURES
문장 구조

acquaintance
아는 사람, 지인

acquaintance라는 명사가 '친구'라고 할 만큼 친하지 않지만 '아는 사람'에 대해 말할 때 사용됩니다.

He is an acquaintance from work. 그는 직장 동료이다.

I have many acquaintances, but not many close friends.
아는 사람은 많지만 친한 친구는 많지 않아요.

한편 이 단어는 '알고 지내는 사이'에 대해 말할 때도 사용합니다.

I'm pleased to make your acquaintance.
당신을 알게 되어 기쁩니다.

for someone's/something's sake
~을 위해, ~ 때문에

명사 **sake**는 어떤 일이 왜 일어나는지를 보여줍니다. '무슨 이유로' 누구에게 이득이 되는지'라는 것을 나타내기 위해 **for ~ sake**나 **for the sake of ~**이라는 표현을 사용할 수 있습니다.

You don't have to stop smoking for my sake. I don't mind.
저 때문에 담배를 끊을 필요는 없어요. 저는 상관없습니다.

I cleaned the house for Mom's sake. She hates when it's dirty.
나는 엄마를 위해 집을 청소했어요. 엄마는 집이 지저분하면 싫어하시거든요.

I work hard for the sake of my kids.
나는 내 아이들을 위해 열심히 일한다.

Making a toast
건배를 제안하기

결혼식이나 명절 또는 심지어 큰 모임 같은 행사에서는 사람들이 건배를 하는 모습을 흔히 볼 수 있습니다. 보통 한 사람이 일어서서 잔을 부딪쳐 쨍그랑 소리를 내어 모인 사람들의 주목을 끕니다. 이어 **cheers** 또는 **bottoms up**과 같은 말을 하기 전에 무엇인가를 위해 축배를 들자고 선언하는 것으로 끝나는 짧은 스피치를 하며(예: **I'd like to propose/make a toast with** ~으로 함께 건배를 하기 원합니다), 내빈들은 서로 잔을 부딪쳐 술을 마시며 마무리합니다. 다음은 무엇인가를 위해 축배를 들자고 할 때 헌정사로 사용할 수 있는 몇 가지 표현입니다.

Let's drink to ~.
~에게 건배합시다

Here's to ~.
~를 위하여

다음과 같은 예를 위해 축배를 들 수 있겠습니다.

your health
당신의 건강

the success of our company
우리 회사의 성공

our friendship
우리의 우정

the future/past
미래/과거

our continued improvement
우리의 지속적인 향상

his hard work
그의 노고

마지막으로 **to**를 사용하여 무엇을 위해 축배를 들고 싶은지를 알릴 수 있습니다. 이것은 **let us drink to**의 축약적인 표현입니다.

To Mary!
메리를 위하여!

To our team!
우리 팀을 위하여!

NOW IT'S YOUR TURN!
네 차례야!

Q 새해 전야입니다. 시간이 가며 점점 새해가 다가오고 이제 당신은 파티에 모인 사람들을 위해 건배사를 할 시간입니다. 그들에게 뭐라고 말할 건가요? 이 챕터에서 배운 문장을 바탕으로 간단한 축하의 말을 쓰세요.

Dear friends and family,

I'd like to   .

— 해답 375 page

ROUNDUP
마무리하기

1. 아래의 상황에서 사용할 적절한 어구는 무엇입니까? 이 챕터에서 학습한 노래 가사를 알맞은 칸에 써넣으세요.

Weddings	Christmas	Funerals	New Year's Eve

treetops	old acquaintance	white	take my hand
my hour of darkness	drink to ~	broken-hearted	sleigh bells
meant to be	times of trouble	for old times' sake	fall in love

2. 이런! 누군가가 이 표현들을 엉망으로 만들어 놓았네요! 올바른 문장으로 다시 써 봅시다.

(A) continued let's to success our drink   →   _____.

(B) fools only in wise say men rush   →   _____.

(C) and bright days your may be merry   →   _____.

— 해답 376 page

Oldies and Classics 오래된 것과 고전

"Oldies" refers to a specific period of popular music, from the beginning of rock'n'roll in the mid-1950s, to Motown and Girl group music in the 60s, culminating in the flowering of pop and rock in the 60s and 70s. These songs are often played on classic radio stations. In this chapter, we're going to take a trip through musical history, to the golden age of popular music when legendary writers such as Irving Berlin, Burt Bacharach and Phil Spector dominated the pop charts. So join us in this chapter as we travel from the age of movie musicals in the 40s and 50s all the way to the peak of oldies pop.

Oldies는 1950년대 중반 rock'n'roll(로큰롤)의 시작부터 60년대 Motown(모타운)과 Girl group(걸 그룹) 음악에 이르기까지 대중음악의 특정 시기를 가리키는데, 60년대와 70년대는 팝과 록의 전성기로 절정에 달하게 됩니다. 이 노래들은 종종 흘러간 명곡들을 주로 틀어주는 라디오 방송국에서 들을 수 있습니다. 이 챕터에서는 Irving Berlin(어빙 벌린), Burt Bacharach(버트 배커랙), Phil Spector(필 스펙터) 등 전설적인 작곡가들이 팝 차트를 석권했던 대중음악의 황금시대로 거슬러 올라가는 음악 역사 여행을 떠나고자 합니다. 40~50년대의 뮤지컬 영화 시대에서부터 출발하여 oldies pop(올디스 팝)의 절정기까지 이 책과 함께 여행을 떠나볼까요?

Motown [móutaun] 모타운(1960년대와 1970년대 사이에 디트로이트 시에 근거를 둔 흑인 음반 회사. 소울 음악이란 형식을 만듦)
culminate [kʌ́lmənèit] 막을 내리다   flower [fláuər] 꽃피우다, 번성하게 되다
legendary [lédʒəndèri] 전설적인   dominate [dámənèit] 지배[군림]하다

LESSON 1

Be My Baby

1963 · by the Ronettes

SONG STORY
노래 이야기

이 60년대 걸 그룹 the Ronettes(로네츠)의 노래는 부부 combo(캄보, 소규모 재즈 악단) Jeff Barry(제프 배리)와 Ellie Greenwich(엘리 그리니치), 그리고 비전 있는 프로듀서 Phil Spector(필 스펙터)가 작곡했습니다. 이 세 친구들은 이후 "Then He Kissed Me"와 "River Deep, Mountain High"와 같은 엄청난 히트곡을 만들게 되지만, 그들이 전설적인 Wall of Sound(소리의 벽, 필 스펙터가 개발한 음악 생산 공식) 제작 기법을 개척한 것은 "Be My Baby"를 위한 것이었습니다. 이는 스펙터가 많은 악기와 오버더빙을 이용해 굵고 힘찬 사운드를 만들어 비틀스, the Beach Boys(비치 보이스) 같은 밴드들에게 영감을 주고 팝 음악에 혁명을 불러일으킨 녹음 스타일이었습니다. 실제로 Brian Wilson(브라이언 윌슨)은 "Be My Baby"를 지금까지 만든 노래 중 최고라고 말했고, 평생 1,000번도 넘게 이 노래를 들었으며, 그 사운드를 시도하고 재현하기 위해 끝없이 집착했다고 말하기도 했습니다. 기악곡 트랙(자기 테이프 등에서 데이

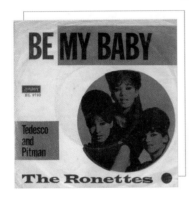

터를 물리적으로 기록하는 부분)은 스펙터가 정기적으로 고용한 **L.A.**의 유명한 객원 음악가 그룹인 **the Wrecking Crew**(레킹 크루)에 의해 녹음되었습니다. 그들 중에는 수백 곡의 노래로 샘플링된 상징적인 오프닝 드럼을 연주했던 드러머 **Hal Blaine**(핼 블레인)이 있었습니다. 마지막으로 무엇보다도 **Ronnie Bennett**(로니 베넷)의 이름을 딴 걸그룹의 젊은 리더인 생기 넘치고 호소력 짙은 보컬이 있었습니다. 로니는 나중에 필 스펙터와 결혼하게 되는데, 두 사람은 정신적·육체적 학대로 가득 찬 불안정한 관계를 유지하게 됩니다. 그들이 아직 젊고 창의력 넘쳤던 시절에 만든 음반 "**Be My Baby**"는 언제나 팝 역사의 한 부분으로 남을 것입니다.

재미있는 사실!

이 노래는 Martin Scorsese(마틴 스코세이지)의 *Mean Streets*와 같은 거친 갱 영화에서부터 *Dirty Dancing*과 같은 낭만적인 80년대 영화에 이르기까지 대중 문화에서 널리 다루어져 왔습니다. 사실 이 노래는 1963년 발매 이후 약 390만 번 연주되었다고 추정되는데, 여기에 몇 분 혹은 몇 시간이 더 더해지면 17년의 방송 시간과 맞먹게 될 횟수라고 합니다.

LYRICS
가사

The night we met I knew I needed you so
And if I had the chance, I'd never let you go
Oh so won't you say you love me?
I'll make you so proud of me
We'll make 'em turn their heads every place we go

[Chorus]
So won't you, please, (Be my, be my baby)
Be my little baby, (My one and only baby)
Say you'll be my darlin', (Be my, be my baby)
Be my baby now, (My one and only baby)
Wha oh oh oh

I'll make you happy, baby, just wait and see
For every kiss you give me, I'll give you three
Oh, since the day I saw you
I have been waiting for you
You know I will adore you 'til eternity

[Repeat Chorus]

[Repeat Chorus]

우리가 만났던 그날 밤 난 당신이 정말 필요한 사람임을 알았어요
그리고 기회가 있다면 절대로 당신을 보내지는 않을 텐데요
아, 그러니 날 사랑한다고 말해주지 않을래요?
난 당신이 나를 자랑스럽게 여기도록 할 거예요
우린 우리가 어딜 가든 사람들의 마음을 사로잡도록 만들 거예요

[후렴]
그러니 부디 (내, 내 연인이 되어 줘요)
내 귀여운 연인이 되어 줘요, (내 하나뿐인 연인)
내 사랑이 될 거라고 말해 줘요, (내, 내 연인이 되어 줘요)
이제 내 연인이 되어줘요, (내 하나뿐인 연인)
와 오 오 오

난 당신을 행복하게 해줄 거예요, 두고 보세요
당신이 내게 입맞출 때마다 난 세 배는 더 해줄게요
아, 내가 당신을 만난 날 이후부터
난 당신을 기다려 왔어요
당신은 알고 있잖아요, 내가 당신을 영원히 사랑할 거란 걸

[후렴 반복]

[후렴 반복]

LYRICS
가사

Be my, be my baby, be my little baby
My one and only baby, oh oh
Be my, be my baby, oh
My one and only baby, wha oh oh oh oh
Be my, be my baby, oh
My one and only baby, oh
Be my, be my baby, oh
Be my baby now

 PRONUNCIATION PRACTICE 발음 연습

이 노래는 선명한 운과 간단한 어휘로 부르기가 꽤 쉬운 편입니다. 하지만 많은 가사들이 박자에 맞게 끝나거나 시작되는 것이 아니라 다음 행으로 이어진다는 점을 알아 두세요. 각 절과 후렴을 연결하는 So won't you, please ... be my baby라는 부분을 듣고 불러보면 가장 이해가 잘 될 것입니다.

내, 내 연인, 내 귀여운 연인이 되어 줘요
내 하나뿐인 연인, 오 오
내, 내 연인이 되어 줘요, 오
내 하나뿐인 연인, 와 오 오 오 오
내, 내 연인이 되어 줘요, 오
내 하나뿐인 연인, 오
내, 내 연인이 되어 줘요, 오
내 연인이 되어 줘요 지금

 WORDS IN THE LYRICS 어휘

- **proud** [praʊd] 자랑스러워하는, 자랑스러운
- **turn one's head** ~의 마음을 홀리다[사로 잡다]
- **adore** [ədɔ́ːr] 흠모[사모]하다, 아주 좋아하다
- **till** [til] ~때까지
- **eternity** [itə́ːrnəti] 영원, 오랜 시간

LYRICS
BREAKDOWN
가사 파헤치기

이 가사는 한 여인이 남성에게 자신의 연인이 되어 달라고 하는 짧은 이야기를 담고 있습니다. 이 노래는 주인공이 **the night we met**(우리가 만났던 밤)에 사랑에 빠졌다는 내용을 담은 가사로 시작합니다. 그리고 그녀는 두 사람이 커플이 된다면 일어날 모든 일들을 상상하고 있습니다.

> **I'll make you so proud of me.**
> 당신이 나를 매우 자랑스럽게 여기도록 만들 거예요.
> **I'll make you happy.** 당신을 행복하게 해줄 거예요.
> **We'll make 'em turn their heads.**
> 사람들이 우리를 부러워하게 할 거예요.
> **I'd never let you go.** 당신이 내 곁을 떠나지 않게 할 거예요.

그 뿐이 아닙니다. 이 여주인공은 **For every kiss you give me, I'll give you three**(당신이 내게 해주는 모든 키스에 나는 세 번을 더 해주겠다)라고 약속하는데 이는 꽤나 강력한 약속인 것입니다! 사실 이러한 종류의 강한 사랑은 일종의 집착이 되는 '맹목적 사랑'이나 '사랑의 열병' 상태의 경계선에 거의 접해 있을 수도 있다는 것을 **I needed you so** (much), **I'd never let you go** 그리고 **'til eternity** 등과 같은 가사 속의 강한 단어에서 알 수 있고, 게다가 이 사랑의 열병은 실제 일어난 일이 아닌 주인공이 모든 것을 상상하고 있는 것이라는 점을 기억하면 훨씬 더 이해가 됩니다. 결국 이 엉뚱한 연애 사건은 모두 그녀의 머릿속에서 일어나고 있는 것이어서 그녀가 부르는 노래 속 동사의 대부분이 미래형인 **will** 또는 상상된 미래형 시제인 **would**에 있는 것입니다. 단, 이처럼 십대들의 사랑은 종종 극단적이고 떠들썩하며, 맹목적으로 강한 열정으로 가득 차 있다는 어른들의 시선으로 쓰여진 것이 분명해집니다.

ENGLISH STRUCTURES
문장 구조

> **Will you please ~?** ~하겠어요?
> **Won't you please ~?** ~하지 않겠어요?

이 노래가 단순히 **Will you please be my baby?**라고 묻는 대신 부정적인 의미의 단어 **won't**를 써서 **Won't you please be my baby?**라고 질문을 하는지 궁금할 것입니다. 과연 이 두 종류의 의문문의 차이점은 무엇일까요?

will을 사용한 질문은 부탁을 하는 것과 같은 솔직하고 직선적인 질문을 할 때 사용됩니다.

Will you come to my party tonight?
오늘 저녁 파티에 오시겠어요?

Will you please set the table for me?
제 대신 식탁을 좀 차려주시겠어요?

하지만 **won't**를 사용한 질문은 보통 대답이 부정적일 것이라고 믿는 어떤 이유가 있기 때문입니다. **will** 대신 **won't**를 사용해 부탁을 하면 아래 두 번째 예에서 보듯이 그 질문에는 절실함이 더해지기도 합니다.

Won't you come to my party tonight?
(오지 않을 거라고 믿는 어떤 이유가 있어서) 오늘 밤 제 파티에 오지 않겠어요?

Won't you please stop making so much noise!
(안 그칠 것을 알며) 제발 그만 떠들 수 없겠니!

Words of love
사랑의 단어

지금까지 이 책에서 많은 사랑 노래들을 살펴봤지만 이 노래의 후렴에는 이러한 사랑의 단어들이 다음과 같이 몇 가지로 표현되어 있습니다.

> Please be my   baby.
>   darling
>   one and only baby

보통 사랑하는 상대방을 직접 부를 때 이런 별명을 사용합니다.

A: Honey, dinner is ready! Please come to the table.
자기야, 저녁 준비가 되었어요! 식탁으로 오세요.

B: OK, baby, I'll be right there!
응, 여보. 그리로 바로 갈게!

좀 더 많은 다른 흔한 사랑의 단어들이 있는데 보통 달콤하거나 귀엽거나 귀하거나 소중한 것들을 말합니다.

| honey | sweetheart | sugar |
| precious | dear | cutie |

NOW IT'S YOUR TURN!
네 차례야!

Q 여러분의 짝이 사랑받는다고 느끼도록 사랑의 단어 몇 개를 추가하여 아래 문장을 다시 써보세요.

A: Hey, how was your day?

→   .

B: Not bad. By the way, do you love me?

→   .

A: Yes, I really love you.

→   .

B: Thank you. Are you ready to leave?

→   .

A: Yes, one second. I'm almost ready.

→   .

— 해답 377 page

Stand By Me

1961 · by Ben E. King

SONG STORY
노래 이야기

이 품격 있고 우아한 노래를 들으면 진정한 팝의 대가의 작품을 듣는 것입니다. 이 노래는 1950년대 로큰롤 히트곡 "Hound Dog"와 "Jailhouse Rock"을 담당한 Leiber and Stoller(라이버 앤 스톨러)의 전설적인 작사 듀오에 의해 작곡되었으며, 가수인 Ben E. King(벤 E. 킹) 또한 우리가 그의 이름을 잘 알지는 못할지라도 동일하게 빛나는 경력을 가지고 있습니다.

　그는 먼저 doo-wop(두왑, 아프리카계 미국인을 중심으로 한 R&B 스타일의 일종으로, 1950년대 중반부터 1960년대 초반 미국에서 융성하고 수많은 코러스 그룹이 결성됨) 그룹 the Drifters(드립터스)의 front man(리드 보컬)으로 "Save the Last Dance for Me"와 "This Magic Moment" 같은 대히트를 기록한 뒤 "Spanish Harlem"과 같은 품격 있는 히트곡으로 성공적인 솔로 활동을 펼치게 됩니다. 그러나 언제나 벤 E. 킹 하면 "Stand By Me"가 떠오릅니다. 이 노래는 1,160만 번 이상의 공연을 기록했으며, 1975년

FUN FACT !

재미있는 사실!

커버곡인 로큰롤의 싱글로 발표한 존 레넌과 같은 유명한 커버 버전들과 함께 역사상 가장 많은 성과를 거둔 5대 노래 중 하나로 꼽힙니다.

팝 문화에서 이 노래가 인기를 끌었던 한 예로 1986년 Stephen King(스티븐 킹)의 중편 소설을 원작으로 한 영화 *Stand By Me*가 개봉되었습니다. 영화가 개봉된 후 이 노래는 미국 차트 톱 10에 다시 진입했고 원곡 발매 25년이 지났음에도 여전히 놀라운 매력을 가지고 있다는 것을 증명했습니다.

LYRICS
가사

When the night has come
And the land is dark
And the moon is the only light we'll see
No I won't be afraid, no I won't be afraid
Just as long as you stand, stand by me

So darlin', darlin', stand by me, oh stand by me,
Oh stand, stand by me, stand by me

If the sky that we look upon
Should tumble and fall
Or the mountains should crumble to the sea
I won't cry, I won't cry, no I won't shed a tear
Just as long as you stand, stand by me

And darlin', darlin', stand by me, oh stand by me
Whoa, stand now, stand by me, stand by me

Darlin', darlin', stand by me, oh stand by me
Oh stand now, stand by me, stand by me

밤이 찾아오고
땅이 어두워지고
그래서 달빛만을 볼 수 있게 되더라도
아니, 난 두렵지 않아, 아니, 난 두렵지 않아
바로 네가 내 곁에 있는 한은

그러니 그대여, 그대여, 내 곁에 있어줘, 오 내 곁에 있어줘
오 내 곁에, 내 곁에 있어줘, 내 곁에 있어줘

우리가 바라보는 하늘이
굴러 떨어져 무너진다 해도
아니면 산이 허물어져 바다로 내려간다 해도
난 울지 않을 거야, 난 울지 않을 거야, 아니 눈물을 흘리지 않을 거야
바로 네가 내 곁에 있는 한은

그대여, 그대여 내 곁에 있어줘, 오, 내 곁에 있어줘
와 이제 내 곁에, 내 곁에 있어줘, 내 곁에 있어줘

그대여, 그대여, 내 곁에 있어줘, 오 내 곁에
오 이제 내 곁에, 내 곁에 있어줘, 내 곁에 있어줘

LYRICS
가사

Whenever you're in trouble, won't you stand by me
Oh stand by me
Whoa stand now, oh stand, stand by me

 PRONUNCIATION PRACTICE 발음 연습

이 노래에는 약간의 미스터리가 담긴 가사가 있는데 바로 if the sky that we look upon should tumble and fall(우리가 바라보는 하늘이 무너지더라도)입니다. 보통 하늘은 우리 위에 있기 때문에 look up at the sky(하늘을 올려다보다)라고 말하는데, 이 노래에서 작곡가들은 전치사를 upon으로 선택했습니다. upon은 on과 비슷한 의미를 가진 옛날 단어입니다. 옛날 얘기를 할 때 말하는 once upon a time(옛날 옛날에)이라든가 혹은 유명한 Edgar Allan Poe(에드거 앨런 포)의 시 "The Raven"(큰 까마귀)의 도입부 인 Once upon a midnight dreary(어느 음산한 한밤 중)에서 볼 수 있습니다.

그렇다면 왜 이 경우에 upon이 사용된 걸까요? 첫째 이유는 노래하는 이가 어떤 면에서 하늘 위에 있고 거의 그가 천국에 있어서 마치 그들을 내려다보고(look down upon) 있는 것처럼 들리게 하며, 노래가 초자연적이고 영적인 느낌을 주게 하거나, 아니면 멜로디에서 한 음절을 더 채워야 하는 경우일 수 있습니다.

네가 곤경에 처한 때는 언제나 내 곁에 있어주지 않겠니?
오 내 곁에 있어줘
와 이제 있어줘, 오 있어줘, 내 곁에 있어줘

 WORDS IN THE LYRICS 어휘

- **stand by** (특히 어려울 때) ~의 곁에 있다
- **upon** [əpɔ́ːn] ~위에 (=on)
- **tumble** [tʌ́mbl] 굴러 떨어지다, 폭삭 무너지다
- **crumble** [krʌ́mbl] (건물이나 땅이) 허물어지다[무너지다]
- **raven** [réivn] 큰 까마귀
- **dreary** [dríəri] 음산한

LYRICS BREAKDOWN
가사 파헤치기

여기 "Stand By Me"에서는 생생한 이미지를 사용하여 강한 은유를 만드는 몇 가지 고전적인 예를 볼 수 있습니다. 노래의 절들은 명암의 대조를 반복해서 이야기합니다. **When the night has come and the land is dark**는 문자 그대로의 밤을 의미하는 것이 아니며, 우리 인생에서의 고난과 환란의 때를 의미하는 것입니다. 벤은 두려움이 엄습하거나 우울할 때 사랑하는 이가 그의 곁에 서 있는(stands by him) 한 두려워하지 않을 것(won't be afraid)을 다짐하는데 이는 물리적으로 누군가의 옆에 서는 것을 의미할 수도 있지만 다른 한편으로는 누군가를 지지하거나 위로하는 것을 은유적으로 의미하기도 합니다.

이 주제는 2절에서 반복됩니다. 단순히 밤이 되어 어둠이 내려 앉는다는 의미가 아닌 세상이 끝날 것만 같다는 뜻입니다. **skies tumble and fall**과 **mountains crumble to the sea**에 관한 이 극적인 절은 성경의 시편 46편 2절을 직접적으로 언급하고 있습니다.

> **Therefore will not we fear, though the earth be removed, and though the mountains be carried into the midst of the sea.**
> (그러므로 땅이 변하든지 산이 흔들려 바다 가운데에 빠지든지 두려워하지 아니 하리로다)

성경에서는 하나님이 그의 백성을 지키지만 "Stand By Me"에서는 그를 지켜주는 사람은 바로 그의 사랑하는 이입니다. 가사의 일반적인 어조와 함께 내용을 살펴보면 왜 많은 사람들이 이 노래 "Stand By Me"를 종교적인 노래나 복음의 노래로 해석해 왔는지를 설명해줍니다. 세상이 무너져도 우리를 지지해 줄 사랑하는 사람이 있다는 것은 어떤 회복도 가능하게 할 수 있다는 것을 상기시켜 주는 노래입니다.

ENGLISH STRUCTURES
문장 구조

> ## stand by
> ### 곁에 있다

챕터 4의 첫 번째 노래 "Summertime"의 **with daddy and mammy standin' by**라는 가사에서 **stand by**라는 표현을 접한 바 있습니다. 두 노래에서 모두 **stand by someone**이라는 말은 그들을 지지하고 안심시키는 것을 의미합니다. 여기에는 어떤 부정적인 행동이 일어나는 것을 보고 그것을 막지 않는다거나, 혹은 어떤 일이 일어나기를 준비하거나 기다리는 것과 같은 의미가 있습니다. 다른 의미는 우리가 비행기를 탈 때 흔히 듣는 명사 **standby**에도 나타나 있습니다.

> If you want to quit your job, I'll stand by your decision.
> 당신이 일을 그만두기를 원한다면 나는 당신의 결정을 지지할 것입니다.
>
> The plane is currently on standby. We don't know when it will leave.
> 그 비행기는 현재 대기 중이며 언제 출발할지 모른다.

> ## shed a tear
> ### 눈물을 흘리다

이 표현은 **crying**(울음)에 대해 이야기하는 다소 시적인 방법입니다.

> I don't want to shed anymore tears over him.
> 나는 그 남자 때문에 더는 눈물 흘리고 싶지 않다.
>
> I shed an ocean of tears when my mother died.
> 어머니가 돌아가셨을 때 나는 눈물을 엄청 많이 흘렸다.

Be afraid
두려워하다

이 노래의 가장 감동적인 부분 중 하나는 킹이 **No I won't be afraid, just as long as you stand by me**를 부를 때인데 이 부분은 사랑이 두려움을 극복할 수 있다는 것을 강하게 상기시켜 주기도 하지만 또한 우리를 두렵게 하는 것들에 대해 말하는 법을 가르쳐줍니다. 가장 일반적으로 **be**동사와 함께 형용사 **afraid**를 사용하여 무엇을 두려워하는지 말합니다.

You don't have to be afraid of my dog. He doesn't bite.
우리 개를 무서워하지 마세요. 물지 않으니까요.

비슷한 형용사로는 **scared**와 **frightened**가 있는데 이 단어들은 문법적으로 **afraid**가 하는 것과 정확히 같은 방식으로 기능합니다. 그러나 이 두 단어는 예를 들면 유령이나 거미를 생각할 때와 같이 본능적인 공포를 더 많이 언급하는 반면 **afraid**는 좀 더 광범위하고 겁이 나는 것 또는 긴장감 등을 포괄합니다. 두려움에 대해 논하는 또 다른 방법은 동사와 명사의 기능을 둘 다 할 수 있는 단어인 **fear**를 사용하는 것입니다.

I have a fear of flying.
나는 비행 공포증이 있습니다.

I fear his reaction when he finds out I cheated.
나는 내가 그를 속인 것을 알았을 때 그의 반응이 두렵다.

마지막으로 병적인 혹은 비이성적인 공포에 대해 이야기할 때 사용되는 명사 **phobia**(공포증)입니다.
[fóubiə]

I have a bat phobia.
박쥐 공포증이 있어요.

My phobia of being in crowded spaces is getting worse.
나는 사람으로 붐비는 공간에 있는 것에 대한 공포증이 점점 심해지고 있습니다.

NOW IT'S YOUR TURN!
네 차례야!

Q 여러분은 무엇을 두려워하나요? 그리고 누가 옆에 있으면 기분이 나아지나요?

1 I am afraid of _____ .

2 Also, I have a fear of _____ .

3 I have had a phobia of _____ for _____ years.

4 But I won't be afraid if _____ stands by me.

— 해답 377 page

LESSON 3

As Time Goes By

1942 · from *Casablanca*

SONG STORY
노래 이야기

"As Time Goes By"는 1932년에 작곡가 **Herman Hupfeld**(허먼 허펠드)가 작곡했지만 그 노래는 1942년까지는 완전한 명성을 얻지 못했습니다. 그 해 할리우드 최고 영화 *Casablanca*(카사블랑카)가 등장했고, 그 이후 이 노래와 영화는 불가분의 관계가 되었습니다.

이 영화는 **Rick Blaine**(릭 블레인, Humphrey Bogart 험프리 보가트 연기)과 **Ilsa Lund**(일사 런드, Ingrid Bergman 잉그리드 버그먼 연기)의 불행한 사랑을 중심으로 전개됩니다. 두 사람이 함께 있을 때는 이 노래가 그들이 가장 좋아하는 노래였지만 제2차 세계대전이 그들을 갈라놓은 후에는 이 멜로디가 그들의 과거 사랑을 마음 아프게 기억나게 합니다. 그러나 일사는 몇 년간의 이별 후 우연히 릭의 술집에 들어가게 되며, 피아니스트 **Sam**(샘, Dooley Wilson 둘리 윌슨 연기)에게 "**Play it, Sam. For old times' sake.** (연주해 줘요, 샘. 옛 일을 생각해서.)"라고 부탁합니다. 그 연주가 불러일으킨 추억에 사로잡혀 격분한

릭은 샘에게 "**I thought I told you never to play that song.**(내가 절대 그 음악은 연주하지 말라고 말한 것 같은데.)"라고 합니다. 그러나 그날 밤 릭은 샘에게 "**You know what I want to hear. You played it for her, you can play it for me.** (내가 무엇을 듣고 싶어하는지 자네는 알잖아. 그 곡을 그녀에게 연주해주었으니 내게도 연주해주게나.)"라고 애원하며 슬픔을 달래려고 합니다. 시간 때문에 헤어질 수밖에 없었지만 샘과 일사는 그들의 사랑을 잊지 못하는 것 같습니다. 그리고 1930년대의 잊혀진 팝송은 영화 역사의 잊을 수 없는 작품이 되었습니다.

재미있는 사실!

"As Time Goes By"는 American Film Institute(AFI, 미국영화연구소)의 '100 Years ... 100 Songs' 목록에서 영화 역사상 두 번째로 좋은 노래로 선정되었습니다. 1위를 차지한 노래는 *The Wizard of Oz*(오즈의 마법사)에 나오는 "Over the Rainbow"였습니다.

LYRICS
가사

[Verse 1]

You must remember this
A kiss is still a kiss
A sigh is just a sigh
The fundamental things apply
As time goes by
And when two lovers woo
They still say, "I love you"
On that you can rely
No matter what the future brings
As time goes by

[Verse 2]

Moonlight and love songs are
Never out of date
Hearts full of passion
Jealousy and hate
Woman needs man, and man must have his mate
That no one can deny

[1절]
이걸 꼭 기억해줘요
키스는 여전히 키스이고
한숨은 그저 한숨일 뿐이죠
원칙은 그대로예요
시간이 흘러도
그리고 두 연인이 구혼할 때
그들은 여전히 "사랑해"라고 말하죠
믿어도 좋을 거예요
미래에 어떤 일이 벌어지더라도
시간이 흘러도

[2절]
달빛과 사랑 노래는
세월이 지나도 낡아지지 않죠
열정으로 넘치는 마음
질투와 증오
여자에겐 남자가 필요하고, 남자에게는 그의 짝이 있어야 하죠
그건 아무도 부정할 수 없어요

LYRICS
가사

[Verse 3]

It's still the same old story
A fight for love and glory
A case of do or die
The world will always welcome lovers
As time goes by

[Repeat Verse 2]

[Repeat Verse 3]

 PRONUNCIATION PRACTICE 발음 연습

이 노래는 고전적인 팝 스타일로 쓰여 단순하고 아름다운 운(韻)이 가득합니다. 기존의 운 체계를 따르지 않는 유일한 가사는 brings와 lovers로 끝나는 가사로, 이는 as time goes by라는 익숙한 후렴으로 돌아가기 전에 그 가사를 더욱 돋보이게 합니다. 이 효과를 tension and release(긴장감과 안도감)이라고 부르는데 음악적으로 혹은 가사 표현으로 무언가(예컨대 운이 쌍을 이루는 단어)를 듣겠다는 기대를 하게 만듭니다. 즉, 우리의 귀는 rely와 die의 운을 들을 것으로 기대하지만 이것들은 brings와 lovers의 줄로 분리되기 때문에 긴장감을 조성하게 되는 것입니다.

같은 종류의 긴장감과 안도감은 연결 부분에서도 발견됩니다. 처음 세 줄은 다소 급하게 불려지고 are never out of date처럼 짧은 단어들과 man must have his mate 같은 두운(頭韻)으로 이루어집니다. 그 가사 부분에 이를 때쯤 그 선율은 우리를 긴장 상태로 끌어올렸지만 that no one can deny를 부를 때쯤에는 다시 안도함으로 돌아오게 합니다.

[3절]
여전히 똑 같은 옛 이야기
사랑과 영광을 위한 싸움
사느냐 죽느냐의 문제
세상은 항상 연인들을 반길 거예요
시간이 흘러도

[2절 반복]

[3절 반복]

 WORDS IN THE LYRICS 어휘

- **sigh** [sai] 한숨, 탄식
- **fundamental** [fʌ̀ndəméntl] 기본적인, 근본적인
- **apply** [əplái] 적용되다
- **woo** [wu:] ~에게 구애하다, 구혼하다
- **out of date** 낡은, 오래된
- **rely** [rilái] ~에(게) 의지하다, 의존하다
- **jealousy** [dʒéləsi] 질투[시기]심
- **mate** [meit] 친구, 짝
- **deny** [dinái] 부인[부정]하다
- **do or die** 죽기 살기의, 필사적인

이 노래의 핵심은 **The fundamental things apply, as time goes by**(시간이 흘러도 기본은 그대로예요)라는 가사에 있습니다. 이 노래의 요점은 아무리 시간이 지나도 근본적인(fundamental) 모든 것, 즉 삶의 본질적이고 기본적인 것들이 여전히 이어진다는 것이며 그런 기본적인 것 중의 하나는 당연히 love입니다.

시간은 많은 것을 변화시키지만 근본적인 것을 변화시킬 수는 없습니다. **A kiss is still a kiss**(키스는 여전히 키스)이고, **a sigh is just a sigh**(한숨은 그저 한숨)입니다. **moonlight**와 **love songs**와 같은 로맨틱한 것들도 결코 구시대적(out of date)인 것이 아니며, 여전히 그 어느 때 못지않게 의미가 있습니다. 여자는 항상 남자를 필요로 할 것이고, 남자는 반드시 자신과 함께 할 **mate**(동반자)가 있어야 하는 것입니다. 그리고 두 연인이 구애할(woo) 때마다 그들은 옛날 연인들이 그랬던 것처럼 "**I love you**"라고 계속해서 말할 것입니다.

The world will always welcome lovers(세상은 언제나 연인을 환영할 것)이라는 것도 이런 이유에서입니다. 세상 사람들은 사랑에 빠진 젊은 커플에게는 영원하고 아름다운 무언가가 있다는 것을 알고 있습니다. 왜냐하면 그 사랑의 감정은 과거에 그랬던 것처럼 현재도 같고 앞으로도 그럴 것이기 때문입니다. 이제 가사를 이해했으니 이 노래가 릭과 일사에게, 시간이 모든 것을 변화시켰지만 서로를 향한 사랑만은 지키고 있는 연인들에게 왜 중요한지 알 수 있을 것입니다.

ENGLISH STRUCTURES
문장 구조

> ## no matter what (happens) 무슨 일이 있어도, 기필코
> ## no matter what/how ~ 무엇을/아무리 ~하든지 간에

no matter는 어떤 것이 별로 중요하지 않으며, 결과에 아무런 영향도 주지 않는다는 것을 보여줍니다.

No matter what happens, I won't stop loving you.
무슨 일이 있어도 널 사랑하는 걸 멈추지 않을 거야.

The sun will always rise again, no matter what.
태양은 무슨 일이 있어도 항상 다시 떠오를 것이다.

You'll never make it in time, no matter how fast you run.
아무리 빨리 달려도 절대로 시간에 맞추지 못할 것이다.

> ## a case of do or die
> ## 죽느냐 사느냐의 문제

die(죽다)라는 단어를 사용하는 여러 구에서 추측할 수 있듯 이 표현은 어떤 중요한 일이 위태롭다는 것을 나타냅니다. 만약 어떤 것이 **do or die** 라고 한다면 그것은 결과가 매우 좋거나 실패한다면 매우 끔찍하다 는 것을 의미하며, 유사한 표현으로는 **all or nothing**과 **a life or death situation**이 있습니다.

Things stay the same.
상황이 전과 똑같아요.

앞서 "Wind of Change"라는 노래에 대해 학습했을 때 변화하는 상황을 묘사하는 몇 가지 표현을 배웠습니다. 하지만 상황이 변하지 않을 때는 어떨까요? 언제 그들은 그대로 인가요? 그 상황을 어떻게 표현하나요? 이 노래는 과거에 시작된 활동이 여전히 계속되고 있다는 것을 보여주는 **still**이라는 단어로부터 시작하여 가장 쉬운 몇 가지 유용한 표현을 알려줍니다.

> **Are you still sleeping? You need to wake up and go to work!**
> 아직도 자고 있어요? 일어나서 일하러 가야 해요!

이 노래는 또한 **the same old story**라는 표현에서 **same**(여전한, 같은)이라는 단어를 사용합니다. 이 형용사는 상황이 동일하며 따라서 변하지 않았다는 것을 보여줍니다.

> A: **How's your business?**   사업은 어때요?
> B: **Same as usual. Our sales are pretty steady.**
> 평소랑 똑같아요. 매출이 꽤 꾸준한 편이에요.

이 노래에서는 또한 사랑 같은 영원한 것은 결코 진부하지 않다고 주장하면서 **outdated**(시대에 뒤떨어진)이 되는 것에 대해 이야기합니다.

> **The music of the Beatles will never be outdated.**
> 비틀스의 음악은 결코 시대에 뒤떨어지지 않을 것이다.

다음 대화에서 사용되는 것과 같이 편리하고 널리 사용되는 관용구도 있습니다.

> A: **How have you been? What's new?**
> 그 동안 어떻게 지냈어요? 새로운 소식 있어요?
> B: **Nothing much. Same old, same old.**
> 특별한 것은 없어요. 항상 똑같지요.

NOW IT'S YOUR TURN!
네 차례야!

Q 여러분이 오래 전에도 하고 지금도 하고 있는 일은 무엇입니까? 몇 살 때 그 활동을 처음 했는지 다음의 빈 칸을 채워 문장을 완성해 보세요.

1 I still _____ .

2 I started _____ when I was _____, and I still do it now.

3 _____ is still the same as it was when _____ .

4 I don't think I will ever stop _____ .

— 해답 378 page

I Went to Your Wedding

1952 · by Patti Page

SONG STORY

노래 이야기

Patti Page(패티 페이지)는 "**Changing Partners**"와 그녀의 트레이드마크 노래인 "**Tennessee Waltz**"와 같은 3/4 박자의 멜랑콜리한 왈츠 곡으로 유명한 인기 가수였습니다. 그녀는 수십 년 동안 **recording artist**(음반을 내는 가수)였는데 1950년대에 인기의 절정을 누렸으며, 그 시기는 이 노래 "**I Went to Your Wedding**"을 녹음할 때(1952년 8월)이기도 했습니다.

오클라호마주 한 시골의 11명의 아이들이 있는 가정에서 1927년에 태어난 그녀(본명 **Clara Ann Fowler** 클래라 앤 파울러)가 이렇게 대단한 성공을 거둘 것이라고 상상하는 사람은 거의 없었을 것입니다. 비록 가족들은 전기가 없는 곳에서 살며 목화를 따면서 생계를 유지해야 했지만, 패티는 가수로서 일생 동안 1억 장 이상의 음반을 팔면서 최고의 경력을 쌓았습니다. 오클라호마주 출신의 가난한 소녀에게 있어서 매우 단단한 결과입니다. 이러한 그녀의 출신 배경을 생각한다면 컨트리 음악의 멜로디와 편곡을 스탠더드 팝송에 도입한

것이 왜 중요한 성과 중의 하나인지가 이해가 되며, 그녀의 이러한 시도와 성공은 다른 가수들에게도 도전을 받게 합니다.

그녀의 노래는 무도장과 사람들의 거실에서 연주되는 우아한 팝송이지만 그녀는 오클라호마라는 고향 배경을 이러한 곳으로 끌어들이는 데 성공했습니다.

FUN FACT !

재미있는 사실!

50년 동안 연이어 Billboard charts(빌보드 차트) 40위 안의 히트를 기록했던 the Beatles(비틀스), Elvis Presley(엘비스 프레슬리), Elton John(엘턴 존), the Rolling Stones(롤링 스톤스) 등의 전설적인 사람들과 함께 어깨를 나란히했던 전 세계에서 몇 안 되는 가수 중의 한 명이라는 사실은 그녀가 가수로서의 장수와 성공을 보여주는 사례이며(첫 빌보드 차트 진입은 1948년이었으며, 마지막은 1982년) 가수 생활을 하는 동안 그녀의 싱글은 믿을 수 없게도 총 84번 빌보드 차트에 진입했습니다!

LYRICS
가사

I went to your wedding
Although I was dreading
The thought of losing you
The organ was playing
My poor heart kept saying
"My dreams, my dreams are through"

[Chorus]
You came down the aisle
Wearing a smile
A vision of loveliness
I uttered a sigh
And then whispered 'goodbye'
'Goodbye to my happiness'

Your mother was crying
Your father was crying
And I was crying too
The teardrops were falling
Because we were losing you

난 당신 결혼식에 갔어요
당신을 잃는다는 생각에
비록 두렵기는 했지만
오르간이 연주되고 있었고
내 가련한 마음이 계속 말했어요
"내 꿈, 내 꿈들이 모두 끝났버렸어"라고

[후렴]
당신이 미소를 지으며
복도를 걸어나왔어요
사랑스런 모습이었어요
난 한숨을 지으며
그리고 나서 속삭였어요 '잘 가세요'
'내 행복이여 안녕'이라고

당신 어머니가 우셨어요
당신 아버지가 우셨어요
그리고 나 또한 울었어요
눈물방울이 떨어졌어요
우리가 당신을 잃었기 때문에

LYRICS
가사

[Repeat Chorus]

Oh, your mother was crying
Your father was crying
And I was crying too
The teardrops were falling
Because we were losing you

 PRONUNCIATION PRACTICE 발음 연습

이 노래를 부를 때 주의해야 할 까다로운 단어는 묵음이 포함된 aisle이며, 또한 uttered는 두 개의 음절로 빠르게 발음해야 하고, t의 발음은 [d] 음(uh-durd)과 같이 발음합니다.

[후렴 반복]

아, 당신 어머니가 우셨어요
당신 아버지가 우셨어요
그리고 나 또한 울었어요
눈물방울이 떨어졌어요
우리가 당신을 잃었기 때문에

 WORDS IN THE LYRICS 어휘

- **dread** [dred] …을 두려워하다, 우려하다
- **aisle** [ail] 통로
- **vision** [víʒən] 환상, 환영
- **loveliness** [lʌ́vlinəs] 사랑스러움, 어여쁨

- **utter** [ʌ́tər] (입으로 어떤 소리를) 내다, (말을) 하다
- **sigh** [sai] 한숨, 한숨 소리
- **teardrop** [tíərdrɑp] 눈물 한 방울

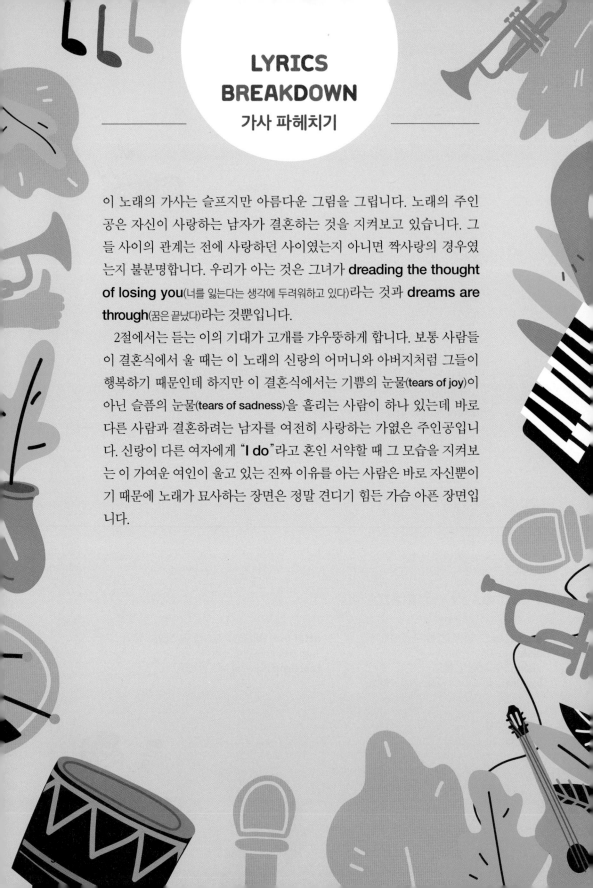

LYRICS BREAKDOWN
가사 파헤치기

이 노래의 가사는 슬프지만 아름다운 그림을 그립니다. 노래의 주인 공은 자신이 사랑하는 남자가 결혼하는 것을 지켜보고 있습니다. 그들 사이의 관계는 전에 사랑하던 사이였는지 아니면 짝사랑의 경우였는지 불분명합니다. 우리가 아는 것은 그녀가 **dreading the thought of losing you**(너를 잃는다는 생각에 두려워하고 있다)라는 것과 **dreams are through**(꿈은 끝났다)라는 것뿐입니다.

2절에서는 듣는 이의 기대가 고개를 갸우뚱하게 합니다. 보통 사람들이 결혼식에서 울 때는 이 노래의 신랑의 어머니와 아버지처럼 그들이 행복하기 때문인데 하지만 이 결혼식에서는 기쁨의 눈물(tears of joy)이 아닌 슬픔의 눈물(tears of sadness)을 흘리는 사람이 하나 있는데 바로 다른 사람과 결혼하려는 남자를 여전히 사랑하는 가엾은 주인공입니다. 신랑이 다른 여자에게 "**I do**"라고 혼인 서약할 때 그 모습을 지켜보는 이 가여운 여인이 울고 있는 진짜 이유를 아는 사람은 바로 자신뿐이기 때문에 노래가 묘사하는 장면은 정말 견디기 힘든 가슴 아픈 장면입니다.

ENGLISH STRUCTURES
문장 구조

the aisle
통로

aisle은 두 열의 좌석 사이에 있는 좁은 통로입니다. 그 사용 예는 세 가지로, 첫 번째는 결혼식에서 **walk/go down the aisle**(결혼식장으로 들어가다)에서 유래하여 결혼에 대한 일반적인 완곡어법이 되었습니다.

When will you be walking down the aisle?   언제 결혼할 거예요?

다른 상황은 비행기나 영화관 등 통로 번호에 따라 좌석 번호가 매겨지는 곳과, 식품을 구역별로 보관하는 슈퍼마켓에서 사용됩니다.

Please keep the aisle free of luggage.   통로에 짐이 없도록 해주세요.

The dairy products are in Aisle 7.   유제품은 7번 통로에 있습니다.

My dreams are through.
내 꿈은 끝났어.

어떤 것이 **through**라고 말하면 그것은 부활할 가망이 없이 끝났다는 것을 의미합니다.

I'm through with you! I want a divorce!
난 당신과는 끝이에요! 이혼하고 싶다고요!

Our picnic is through. This bad weather ruined everything!
우리의 소풍은 끝났어요. 이 나쁜 날씨가 모든 것을 망쳤어요!

Cry
울다, 눈물을 흘리다

클래식 팝송의 주요 주제 중 하나는 눈물을 흘리는 것에 대해 이야기하는 것으로 눈물을 흘리는 가수만큼 듣는 사람을 감성적으로 만드는 것은 없습니다. 이 노래에서는 모든 가족 구성원들이 cry하고 있다고 노래하는데 이 단어는 '눈물을 흘리다, 울다'라는 행동에 사용되는 가장 흔한 동사이지만 명사인 **tears**나 **teardrops**를 자주 사용하기도 합니다.

The teardrops were rolling down her cheeks.
눈물방울이 그녀의 뺨을 타고 흘러내리고 있었다.

I was in tears by the time the movie ended.
영화가 끝날 때쯤 나는 눈물을 흘리고 있었다.

또한 눈물의 강도를 설명하기 위해 다양한 동사를 사용할 수 있습니다. 만약 여러분이 거의 울지 않고 붉어진 눈에 눈물만 약간 흘리고 있다면 다음과 같은 표현을 사용할 수 있습니다.

The boy was sniffling after his mom dropped him off at the daycare.
그 소년은 엄마가 보육 시설에 내려준 후 코를 훌쩍이고 있었다.

I always get a lump in my throat when I hear this song.
나는 이 노래를 들으면 항상 목이 멘다.

그러나 심하게 울 때는 다음 동사 중 일부를 사용할 수 있습니다.

The baby was howling/wailing all night.
그 아기는 밤새도록 울부짖었다.

The young couple was were bawling when they broke up.
그 젊은 커플은 헤어졌을 때 대성통곡을 했다.

NOW IT'S YOUR TURN!
네 차례야!

Q 여러분이 마지막으로 울었던 게 언제인가요? 왜 울었나요? 몇 가지 표현을 사용해서 이야기를 써 보세요.

— 해답 378 page

ROUNDUP
마무리하기

Q 이 챕터의 '네 차례야!' 얼마나 잘 기억하고 있나요? 아래의 질문으로 확인해 보세요.

1. 빈칸을 채워 문장을 완성하세요.

A: How have you been? Anything new?
B: Nothing much. Same _____, same _____.

2. 다음 중 애정 표현으로 사용되지 않는 단어는 무엇일까요?

(A) **sugar**　　(B) **precious**　　(C) **goldie**　　(D) **dear**
(E) **cutie**　　　　　(F) **baby**　　(G) **honey**　　(H) **ice cream**

3. fear (공포) 와 관련된 단어를 빈칸에 쓰세요.

I'm _____

I have a _____　————— of dark places.

I have a _____

4. 다음 표현 중 어느 하나가 **cry**의 동의어가 아닙니까?

(A) **shed tears**　　(B) **a bump in the throat**　　(C) **bawl**　　(D) **sniffle**

— 해답 379 page

이 책의 마지막 챕터에서는 미국 출신이 아닌 음악가들이 작곡하거나 연주한 노래들을 살펴보려고 합니다. 이 노래들은 모두 영어로 부르지만 스웨덴이나 프랑스와 같은 여러 나라의 가수들에 의한 노래라는 사실이 그 노래들의 멜로디나 가사를 전혀 다른 느낌으로 전개시킵니다. 그러면 이제부터 전 세계에서 가장 인기 있는 노래 네 곡을 재미있게 탐험해 봅시다.

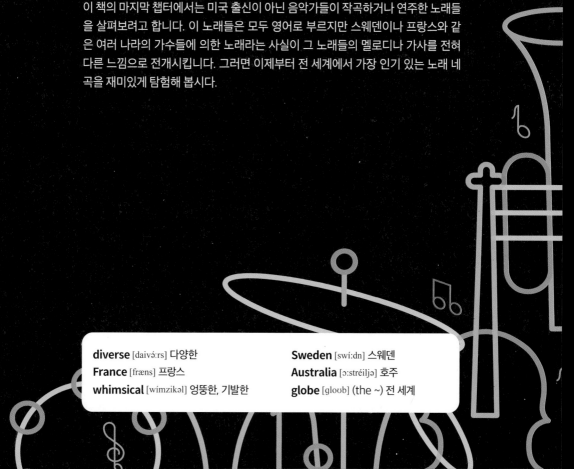

diverse [daivə́:rs] 다양한
France [fræns] 프랑스
whimsical [wímzikəl] 엉뚱한, 기발한

Sweden [swí:dn] 스웨덴
Australia [ɔ:stréiljə] 호주
globe [gloub] (the ~) 전 세계

Dancing Queen

Sweden · 1976 · by ABBA

SONG STORY

노래 이야기

이 마지막 챕터에서는 세계 각국의 다양한 밴드들의 노래를 살펴봅니다 . 미국이나 영국 출신이 아니지만 가장 성공한 그룹인 **ABBA**(아바)로 시작하도록 합니다. 아바는 스웨덴 출신의 그룹으로 70년대 그들의 음악적 우월함을 통해 우리가 언급할 수 있는 것보다 더 많은 히트곡을 얻었으며, 두 편의 *Mamma Mia*(맘마 미아) 뮤지컬 영화를 탄생시키기에 이릅니다.

아바의 모든 히트곡들처럼 "Dancing Queen"은 작사 · 작곡 팀 **Björn Ulvaeus**(비외른 울바에우스)와 **Benny Andersson**(베니 안데르손)이 만들었으며, 당시 이들의 아내인 **Agnetha Fältskog**(아녜타 팰츠코그)와 **Anni-Frid Lyngstad**(아니프리드 링스타드, 닉네임은 **Frida**)가 불렀습니다. 이 노래는 아바가 그 당시 미국 팝 음악을 장악하고 있던 디스코 열풍을 타려고 시도한 곡으로 이 싱글의 성공은 1982년 해체될 때까지 아바의 사운드를 정의하는 유럽식 디스코를 만드는 데 도움을 주었습니다. 이 노래는 여전히 역대 최고의 팝송이라고 몇몇 비

평가들이 호평하고 있으며, 지금까지도 가장 잘 쓰여진 노래 중 하나로 자리매김하고 있습니다. 아바의 두 가수들은 그 노래가 얼마나 아름다웠는지 감동했다고 고백했는데 Frida(프리다)는 그녀가 처음 데모 레코딩을 들었을 때 눈물을 흘렸다고 말했으며, 아네타는 "It's often difficult to know what will be a hit. The exception was 'Dancing Queen.' We all knew it was going to be massive." (때로 어떤 노래가 히트곡이 될지 예측한다는 것은 어려운 일입니다. 예외는 Dancing Queen이었죠. 우리는 모두 그 노래가 엄청난 히트를 할 것이라는 것을 알았어요.)라고 했습니다.

재미있는 사실!

queen이라는 단어가 들어간 노래는 왕실의 역사와 이야기가 담겨 있어야 적당하고 어울릴 것입니다. 스웨덴에서 이 노래가 처음으로 공식 등장한 것은 스웨덴의 왕 Gustaf XVI(구스타프 16세)와 왕비 Silvia(실비아)의 결혼식 전날 그들의 결혼을 기념하려 방영된 TV 쇼였으며, 이 노래가 Windsor Castle(윈저 성)에서 연주될 때 Queen Elizabeth(엘리자베스 여왕)는 한 기자에게 "I always try to dance when this song comes on, because I am the Queen and I like to dance."(나는 여왕이고 춤추는 것을 좋아하기 때문에 이 노래가 나오면 항상 춤을 추려고 한다.)라고 말했다고 합니다.

LYRICS
가사

Friday night and the lights are low
Looking out for a place to go
Where they play the right music
Getting in the swing
You come to look for a king
Anybody could be that guy
Night is young and the music's high
With a bit of rock music, everything is fine
You're in the mood for a dance
And when you get the chance

[Chorus]
You are the dancing queen
Young and sweet, only seventeen
Dancing queen
Feel the beat from the tambourine, oh yeah
You can dance, you can jive
Having the time of your life
Ooh, see that girl, watch that scene
Diggin' the dancing queen

금요일 밤 불빛이 낮게 깔리면
그런 곳을 찾아가 봐요
멋진 음악이 연주되고
스윙 음악에 춤출 수 있는
와서 왕자님을 찾아봐요
누구든지 그런 남자가 될 수 있어요
해가 지려면 멀었고, 음악이 크게 울려요
록 음악만 있으면, 모든 게 다 좋아요
당신은 춤추고 싶어하는군요
그리고 당신이 기회를 잡으면

[후렴]
당신이 춤의 여왕이에요
젊고 사랑스럽죠, 겨우 17살
춤의 여왕
탬버린의 박자를 느껴봐요, 오 예
춤을 춰요, 자이브 춤을 춰요
인생 최고의 시간을 보내요
우, 저 여자를 봐요, 저 광경을 봐요
춤의 여왕에 빠져 봐요

LYRICS
가사

You're a teaser, you turn 'em on
Leave 'em burning and then you're gone
Looking out for another, anyone will do
You're in the mood for a dance
And when you get the chance

[Repeat Chorus]

Diggin' the dancing queen

 PRONUNCIATION PRACTICE 발음 연습

이 노래는 춤에 기반을 둔 주제를 확실히 강화하기 위해 가사에 음악과 관련된 속어들을 많이 담고 있습니다. jive와 swing은 둘 다 재즈 음악의 일종으로 그것의 멋진 음색의 리듬에 대해 이야기하는 것으로 더 광범위하게 사용되며, 또한 탬버린의 beat는 우리가 춤추는 리듬의 박자를 말합니다.

이 잘 만들어진 노래의 몇몇 운, 특히 3음절인 seventeen과 tambourine은 노래를 부르는 것을 매우 즐겁게 합니다. 하지만 사람들이 마지막 후렴 부분을 see that girl, watch her scream, kicking the dancing queen이라고 잘못 들었다고 놀리듯 말하기도 했기 때문에 마지막 후렴을 부를 때는 조심해야 합니다!

당신은 약 올리는 사람, 사람들은 반하게 해요
사람들의 마음에 불을 지르곤 사라져요
다른 사람을 찾아서 말이죠, 누구든 괜찮아
당신은 춤을 추고 싶어하는군요
당신이 기회를 잡으면

[후렴 반복]

춤의 여왕에 빠져 봐요

 ## WORDS IN THE LYRICS 어휘

- **jive** [ʤaiv] 자이브춤을 추다
- **dig** [dig] ~을 좋아하다
- **low** [lou] (높이위치 등이) 낮은(↔high)
- **swing** [swiŋ] 스윙 음악[재즈] (1930~40년대
  에 유행했던 경쾌한 리듬의 재즈 음악)

- **beat** [biːt] 박(拍), 비트
- **tambourine** [tæmbəríːn] 탬버린
- **scene** [siːn] 장면, 현장, 광경
- **teaser** [tíːzər] (성적으로) 애 태우는[약 올리
  는] 사람, 놀리기 좋아하는 사람(=tease)

LYRICS
BREAKDOWN
가사 파헤치기

앞서 언급했듯 아바는 스웨덴의 밴드로 베니와 비외른은 영어를 모국어로 사용하는 원어민은 아니었지만 그들은 청취자들의 감정을 압축하여 표현하는 작사의 전문가였습니다. "Dancing Queen"의 가사는 댄스파티에 가는 10대 소녀의 설렘을 완벽하게 표현했습니다. 지금은 Friday night(금요일 밤)이고 그 소녀는 불금(불타는 금요일)을 즐길 적당한 곳을 찾아보는 중입니다. 그리고 그녀는 "Dancing Queen"의 완벽한 파트너가 될 수 있는 킹을 찾기(look for a king) 위해 그곳에 있습니다. 우리는 그녀가 남성들에게 얼마나 매력적인지 알게 되고 그녀는 남성들을 애타게 만들고(tease), 가슴에 불을 지릅니다(turn them on). 하지만 남자들이 불타오르고(burning) 있을 바로 그때 그녀는 춤을 출 또 다른 새로운 파트너를 찾아 그들 곁을 떠납니다.

그 파티에서는 환상적인 금요일밤을 구성하는 모든 요소들이 있는데 밤도 이르고(the night is young), 멋진 음악(right music)이 큰 소리로 연주됩니다. 그리고 가장 중요한 것은 그 소녀는 춤을 추고 싶어한다(in the mood for a dance)는 점입니다. 그리고 나서 그녀는 음악에 사로잡힌 젊고 아름다운 댄싱 퀸으로 변신합니다. 그녀가 주변의 시선을 아랑곳하지 않고 생애 최고의 시간(the time of her life)을 즐기며 보내고 있는 모습에 모든 다른 이들은 그녀를 봐, 그녀가 춤추는 것을 봐(see that girl, watch that scene)라고 하며 쳐다봅니다. 그녀는 관심의 한가운데에 있고 모든 이들이 그녀의 모습을 즐깁니다. 그녀는 모든 십대 소녀들의 이상적인 fantasy(판타지)입니다. 그녀는 모든 이들의 관심을 집중하고 있고, 모든 남성들이 갈망하는 이성이며 또한 밤새 어떤 걱정도 없이 춤을 추고 있습니다. 그러나 이 다소 무미건조한 십대의 환상을 지지하는 것은 춤 자체의 단순한 즐거움에 경의를 표하는 풍부하고 우아한 노래입니다.

ENGLISH STRUCTURES
문장 구조

have the time of my life
생애 최고의 시간을 보내다

이 관용 표현은 인생에서의 최고의 순간이나 기억을 나타낼 때 사용하는데 우리가 알고 있는 **I had a great time.**(즐거운 시간을 보냈어.)와 같은 '**have a ... time**' 형태를 사용하여 인생 최고의 시기를 표현합니다. 영화 *Dirty Dancing*(더티 댄싱)의 주제곡 **"I've Had the Time of My Life"**(나는 생애 최고의 시간을 보냈다)의 표현이 익숙할 것입니다.

It was a lovely party you held. I had the time of my life.
정말 멋진 파티를 열었군요, 저는 생애 최고의 시간을 보냈어요.

dig
좋아하다

이 단어는 50년대와 60년대에 히피 슬랭으로 시작되어 그 이후 일반적인 영어로 받아들여졌는데, 정말로 즐기는 무엇인가를 표현하기 위해 **like**(좋아하다)와 유사한 의미와 기능을 가진 동사로 사용됩니다. '마음에 들어요?'라고 말할 때 **Do you like it?**이라고 말하는 대신 60년대 히피들은 **Can you dig it?**이라고 말하곤 했다.

Man, I really dig this new song!
와, 이 새 노래 정말 마음에 들어!

In the mood for
~할 기분인

이 노래에서 우리는 댄싱 퀸이 **in the mood for a dance**(춤을 추고 싶은 기분인)라고 하는 말을 들었습니다. 명사 **mood**는 우리의 감정을 일컫는 단어로 오랫동안 지속되는 감정의 표현이라기보다는 그 순간 일시적으로 느껴지는 감정을 표현하며, 이 단어는 또한 어떤 것의 전체적인 분위기에 대해 말하는 데 더 널리 사용될 수 있습니다. '**for** + 명사' 혹은 '**to** + 동사'의 형태로 사용합니다.

> **I'm in the mood for a <u>walk</u>.**
> 난 산책하고 싶어.
> **I'm in the mood <u>to take</u> a walk in the park.**
> 난 공원에서 산책을 하고 싶어.

또한 부정문으로 사용한다면 **not in the mood for** (~할 기분이 아닌) 것을 보여주기 위해 사용할 수도 있습니다.

> **Stop messing around! I'm not in the mood for jokes right now.**
> 장난치지 마! 나 지금은 농담할 기분이 아니라고.

하지만 이 표현을 여러분의 갈망이나 욕망을 나타내기 위해 **I want**(원한다)라는 표현을 사용하여 말할 수는 없습니다. 예를 들어 만약 여러분이 직장에서 **I'm in the mood for some money**(돈을 좀 벌고 싶어요)라고 말한다면 이상하게 들릴 것이며, 이 문장이 비록 갈망함을 표현한다 할지라도 우리가 **mood**라는 단어를 사용할 때(그 특징이 단기적이고 자주 변하는 것이기 때문에)에는 감정이나 느낌의 '순간성'에 초점을 맞춰야 합니다. 그러므로 이 단어를 강한 소망이나 열망을 표현하는 데 사용하지는 않습니다. (그런 류의 표현을 할 때에는 **I need** 혹은 **I want**가 더 잘 어울립니다.)

NOW IT'S YOUR TURN!
네 차례야!

Q 여러분들은 무엇을 하고 싶나요? 아래 빈칸을 채워 보세요.

1 A: I'm bored, what do you want to do?

     B: I'm in the mood to _____.

2 A: What would you like to eat for dinner?

     B: I'm in the mood for _____.

3 A: Do you want to watch _____?

     B: No, I'm not in the mood for _____.
       I'd rather watch _____.

— 해답 380 page

Autumn Leaves

France · 1946 · by Yves Montand/Frank Sinatra

SONG STORY
노래 이야기

이 챕터에는 세계적인 히트곡이자 재즈 스탠더드인 "Autumn Leaves"를 살펴보려고 합니다. 이 노래는 1946년 작품인 *Les Portes de la Nuit*(레 포르트 드 라 뉘이, 밤의 문)라는 영화의 삽입곡으로 파리에서 처음 쓰여졌으며, 프랑스를 대표하는 곡입니다. 이 가사는 이 영화의 시나리오 작가인 프랑스의 유명한 시인 **Jacques Prévert**(자크 프레베르)가 쓴 것으로, 그는 같은 해에 개봉하여 역대 최고의 영화 중 하나로 널리 알려진 *Les Enfants du Paradis*(레 장팡 뒤 파라디, 낙원의 아이들)을 쓰기도 했습니다. 영화 *Les Portes de la Nuit*의 남자 주인공은 프랑스의 가수 겸 배우 **Yves Montand**(이브 몽탕)으로 영화 개봉 후 잘 알려진 프랑스어 버전의 노래를 녹음하게 됩니다. 이것이 성공하게 되자 이 곡은 대서양을 횡단하여 우리가 이미 이 책에서 배워 알고 있는 "Moon River"의 **Johnny Mercer**(자니 머서)에 의해 영어 가사로 탄생하게 됩니다.

이후 **Nat King Cole**(냇 킹 콜), **Edith Piaf**(에디트 피아

프), 그리고 **Frank Sinatra**(프랭크 시나트라) 등 유명 가수들이 자신들의 취향으로 녹음하는 등 이 분위기 있는 노래는 곧 **jazz standard**(재즈 스탠더드, 재즈 음악가의 음악 레퍼토리에서 중요한 부분을 차지하는 음악 구성)가 되었습니다. 이제 "**Autumn Leaves**"는 1946년에 첫 선을 보인 이후 현재까지 1,400번 이상 녹음된 것으로 추정되고 있습니다.

재미있는 사실!

프랑스 노래의 원제는 "**Les Feuilles Mortes**"(레 푀이유 모르트)로, 고엽 (枯葉)이라고 번역되는데 이 영화의 어두운 톤에 잘 어울립니다. 그러나 그 제목이 미국인 청취자들에게는 그다지 매력적으로 들리지 않았기 때문에 머서는 계절적인 측면을 더 부각시켜 연주하고 덜 음산하게 "**Autumn Leaves**"로 제목을 바꾸는 현명한 선택을 했습니다.

LYRICS
가사

The falling leaves drift by the window
The autumn leaves of red and gold
I see your lips, the summer kisses
The sunburned hands I used to hold

Since you went away, the days grow long
And soon I'll hear old winter's song
But I miss you most of all, my darling
When autumn leaves start to fall

 PRONUNCIATION PRACTICE 발음 연습

이 노래의 제목은 '나뭇잎'이라는 뜻의 명사 leaf를 복수형으로 사용했는데 (단수형: one autumn leaf; 복수형: many autumn leaves), 복수형으로 바꿀 때 철자가 f에서 −ves로 바뀔 뿐만 아니라(leafs가 아닌 leaves) 발음도 그에 따라 바뀌어야 하기 때문에 복수형은 [v] 음을 내어 발음합니다. wolf(늑대)가 복수형으로는 wolves, 그리고 wife(부인)가 복수형으로 wives인 경우도 같습니다.

322

떨어지는 나뭇잎들이 창가를 떠도네요
붉은색과 황금색으로 물든 가을 나뭇잎
당신의 입술, 여름날의 입맞춤을 떠올려요
잡고 다니던 햇볕에 탄 손들

당신이 떠나버린 이후, 하루하루가 길게 느껴지고
난 곧 옛날의 겨울 노래를 듣게 되겠죠
하지만 내 사랑이여, 무엇보다 난 당신이 그리워요
가을 나뭇잎이 떨어지기 시작할 때면

🎵 WORDS IN THE LYRICS 어휘

- **leaves** [liːvz] leaf(나뭇잎)의 복수형
- **drift** [drift] (수면·공중에) 떠다니다, 표류하다
- **lip** [lip] 입술
- **kiss** [kis] 입맞춤, 키스
- **sunburned** [sʌ́nbə̀ːrnd] 햇볕에 탄

앞서 이미 배운 "White Christmas"와 마찬가지로 이 노래 또한 일년 중의 다양한 계절을 이용해 더 행복한 시간을 돌아보는 **nostalgia** (향수)를 불러오는 또 다른 곡입니다. 이 노래의 경우는 세 계절이 지남에 따라 이 연인의 연애가 어떻게 전개되는지 알 수 있습니다. 두 연인은 손이 햇볕에 그을린(sunburned) 여름철을 사랑하며 **summer kisses**(여름 키스)를 나눕니다. 하지만 가을이 되자 알 수 없는 이유로 그녀는 남자의 곁을 떠나게(went away) 됩니다. 그녀가 왜 떠났는지는 모르지만 이제 남자는 홀로 남았고 그는 나무에서 떨어지는 잎사귀들을 바라보고 이것은 곧 겨울이 닥칠 것이라는 것을 알려줍니다. **I'll hear old winter's song.** (난 옛날의 겨울 노래를 듣게 되겠죠.)

  여름의 밝은 기쁨과 겨울의 어두운 슬픔 사이에 끼어 있는 가을이라는 계절은 남자가 갇혀 있는 이 마음 아픈 감정을 노래로 표현하기에 완벽한 계절로 두 계절 모두 그녀와의 행복한 추억이 있어 기쁘지만 한편으로는 여자가 떠난 지금 그는 다가올 추위와 외로움을 두려워합니다. 계절이 모든 인간에게 스며드는 복잡한 감정을 나타내기 위해 작사가들은 단지 몇 줄의 간단한 가사에 깊고 감성적인 이야기를 많이 더했습니다.

ENGLISH STRUCTURES
문장 구조

since you went away
당신이 떠난 이후

특정한 사건이나 활동이 언제 시작되었는지 보여주기 위해 **since**라는 접속사를 사용하는데, 이는 **after**와 유사하게 기능하며 두 활동 사이의 인과관계를 보여주며 문장의 앞이나 뒤에 모두 사용할 수 있습니다.

Since you went away, the days have grown long.
당신이 떠나버린 이후 하루하루가 길게 느껴집니다.

The days have grown long **since** you went away.
당신이 떠나버린 이후 하루하루가 길게 느껴집니다.

또한 때로 이 표현의 시작 부분에 **ever**를 덧붙이기도 하는데 이런 표현은 앞서 배운 카펜터스의 노래 "**Top of the World**"에서도 보았습니다:
the love that I've found **ever since** you've been around.

I miss you most of all when ~
~때 당신이 매우 그립다

most와 **when**을 결합한 문장은 어떤 사건이 언제 가장 자주 또는 강하게 일어나는지를 보여주는데, 동사나 최상급 또는 접속사를 바꿔 이 구조를 매우 다양하게 사용할 수 있습니다.

The tickets cost **the least** if you go on a Wednesday.
수요일에 가면 티켓 가격이 가장 저렴하다.

The cake tastes **the best when** you share it with someone.
그 케이크는 다른 사람과 나눠 먹을 때 가장 맛있어요.

Turning nouns into adjectives
명사의 형용사화

일반적으로 명사의 일부 속성을 설명하기 위해 명사에 형용사를 덧붙입니다.

the long (형용사) days (명사)

old (형용사) winter's (명사) song

하지만 **autumn leaves**와 같은 구는 어떨까요? **autumn**은 나뭇잎의 종류를 묘사하고 있는 것 같지만 사실 그것은 형용사가 아닙니다. 그렇죠? 가사 **summer kisses**의 경우도 마찬가지입니다. **autumn**과 **summer**는 둘 다 이러한 경우에 형용사처럼 기능하는 명사인데 이러한 경우를 '복합 명사'라고 하며, 둘 이상의 명사를 함께 추가하여 우리가 다루고 있는 대상의 유형에 대한 더 많은 정보를 제공합니다. 즉, 이 노래에서 **autumn leaves**의 의미는 **autumn**이라는 명사를 덧붙임으로써 나뭇잎들에 대해 더 설명하고 있는 것입니다. 다음은 첫 번째 명사가 두 번째 명사에 대해 더 자세히 알려주는 복합 명사의 몇 가지 다른 예입니다.

our summer holiday
우리의 여름 휴가

the kitchen sink
부엌의 싱크대

a government building
정부 청사

my Christmas sweater
내 크리스마스 스웨터

이와 유사하게 아래의 경우처럼 동사의 형태를 바꿔 동사의 기능을 형용사로 만들 수도 있습니다.

the sunburned hands (=hands that have been burned by the sun)
the falling leaves (=leaves that are falling)

NOW IT'S YOUR TURN!
네 차례야!

Q 다음 문장의 복합 명사에 표시를 하세요.

1 Summer nights are generally shorter than winter ones.

2 There was a red lollipop in the candy store.

3 School children must wear clean uniforms and leather shoes.

4 The company employees left their milk cartons and cigarette cases on the kitchen table.

— 해답 380 page

My Heart Will Go On

Canada · 1997 · by Céline Dion

SONG STORY

노래 이야기

"My Heart Will Go On"은 상업적으로 크게 성공을 거두었지만 지금은 사람들의 호불호가 갈리는 노래가 되었습니다. **BBC**의 청취자들은 이 노래를 역대 가장 짜증나는 노래로 선정했고, 심지어 *Titanic*(타이타닉)의 스타 **Kate Winslet**(케이트 윈즐릿)도 이 노래를 듣는 것이 토할 것 같은(feel like throwing up) 정도로 지나치게 많이 방송에 등장하여 고통받고 있다고 토로했습니다.

사실 이 노래는 탄생과 동시에 많은 거부감이 있었다고 합니다. *Titanic*의 감독 **James Cameron**(제임스 캐머런)은 이 영화가 펼쳐진 시대적 배경에 정확히 맞는 음악을 주장했고, 대중음악이 영화의 진정성을 망치는 것을 원치 않았습니다. **Céline Dion**(셀린 디옹) 자신도 이 노래를 그리 마음에 들어하지 않았는데 병중에 녹음을 해야 했던 그녀는 "When I recorded it, I didn't think about a movie; I didn't think about radio. I thought, 'Sing the song, then get the heck out of there.'"(녹음을 할 때 나는 영화에 대해 생각하지 않았어요. 라디오에 대해서도 생각하지 않았습니다. 단지 '노래를 부르고 나서 빨리 벗어나고 싶다'고 생각했습니다.) 라고 말했습니다.

이것을 극복한 사람은 *Alien*(에일리언)과 *Avatar* (아바

타) 같은 블록버스터 영화의 영화 음악으로 유명한 작곡가 James Horner(제임스 호너)였는데, 그는 캐머런의 언짢음을 달래기 위해 그는 영화의 톤에 맞는 Celtic sound(켈트어의 음)를 들려주려고 이 노래를 편곡했습니다. 또한 그는 디옹이 큰 소리와 극적인 부분에서 감정을 강하게 드러낼 뿐 아니라 도입부에는 절제되고 감지하기 힘든 미세한 부분들을 표현할 수 있다고 확신했습니다.

결국 이 노래는 영화 관객들을 극장으로 발걸음 하게 만드는 데 도움이 되었고, 디옹을 진정한 세계적인 아이콘으로 만듦으로써 이 노래와 관련된 모든 당사자들에게 혜택을 주었습니다. 모든 상황이 진정되고 영화 *Titanic*과 노래의 녹음이 모두 완료되었을 때 디옹은 자세를 바꾸어 "'My Heart Will Go On' gave me the opportunity to be associated with a classic that will live forever."(My Heart Will Go On은 내게 영원히 고전으로 남을 작품에 참여할 수 있는 기회를 주었습니다.)라고 인정했습니다.

이 노래가 녹음되었을 당시 셀린 디옹은 현재와 같은 슈퍼스타덤 수준의 인기는 얻지 못했으며, 사실 그녀는 이 노래의 리드 보컬로도 의도된 적이 없었으며, 단지 데모 레코딩만 해달라는 요청을 받았지만 캐머런에게 그 녹음을 들려주자 그는 이 영화에서 바로 그 버전을 사용하게 되었습니다. 나중에 이 곡의 싱글 버전에 대한 재녹음이 이루어졌는데 이 때문에 두 곡 사이에 약간의 차이가 있는 것입니다.

LYRICS
가사

Every night in my dreams
I see you, I feel you
That is how I know you go on

Far across the distance
And spaces between us
You have come to show you go on

[Chorus]
Near, far, wherever you are
I believe that the heart does go on
Once more you open the door
And you're here in my heart
And my heart will go on and on

Love can touch us one time
And last for a lifetime
And never let go till we're gone

매일 밤 난 꿈 속에서
당신을 보고, 당신을 느껴요
그렇게 해서 난 당신이 그대로라는 걸 알아요

우리 사이에 놓인 거리와
공간을 훨씬 많이 지나서
당신이 그대로라는 걸 보여주려고 당신이 왔어요

[후렴]
가까이, 멀리 있든 당신이 어디에 있든지
난 우리 마음이 그대로라는 걸 믿어요
다시 한 번 당신이 문을 열면
당신은 여기 내 맘 속에 있어요
그리고 내 마음은 늘 그대로일 거예요

사랑은 단 한번 우리에게 스칠지라도
평생 동안 계속되죠
그리고 우리가 죽을 때까지 절대 놓아주질 않죠

LYRICS
가사

Love was when I loved you
One true time I hold to
In my life we'll always go on

[Repeat Chorus]

You're here, there's nothing I fear
And I know that my heart will go on
We'll stay forever this way
You are safe in my heart and
My heart will go on and on

 PRONUNCIATION PRACTICE 발음 연습

이 노래는 멜로디가 매우 느리고 가사의 조화가 잘 되기 때문에 상대적으로 부르기 쉬운데 유일한 어려움은 가끔 단어들이 in mý dreams 또는 I know yóu go on처럼 우리가 일상적으로 하는 자연스러운 말투와 반대되는 독특한 방식으로 강세를 준다는 것입니다. 그리고 and never lét go라고 강세를 두어 발음하는 편이 더 일반적이기 때문에 노래에서 and néver let go라고 강세를 두는 것은 아마도 상당히 특이하게 들릴 것입니다.

또한 and로 시작하는 가사가 얼마나 많은지도 확인해보세요. 문법을 가르치는 선생님들은 보통 문장을 and로 시작하거나 여러 개의 and로 문장의 절들을 연결하는 것은 좋지 않다고 말하겠지만 이 노래의 경우 and를 사용하여 on and on으로 이어지는 긴 문장을 만드는 것이 충분히 이해가 됩니다.

사랑이란 내가 당신을 사랑했을 때죠
내가 간직할 수 있는 단 하나 진실했던 순간
내 삶에서 우리는 늘 그대로일 거예요

[후렴 반복]

당신이 여기 있기에 나는 아무것도 두려울 게 없어요
그리고 난 내 마음이 그대로일 거라는 걸 알아요
우린 이대로 영원히 함께할 거예요
당신은 내 마음 속에서 안전하고
그리고 내 마음은 늘 그대로일 거예요

 WORDS IN THE LYRICS 어휘

- **distance** [dístəns] 거리
- **space** [speis] 공간
- **wherever** [weərévər] 어디에나, 어디든지

- **last** [læst | lɑːst] 계속하다, 지속하다
- **lifetime** [láiftàim] 일생, 평생

LYRICS
BREAKDOWN
가사 파헤치기

이 노래의 주제는 '사랑은 영원한 느낌'으로 이 책에서 앞서 배운 "As Time Goes By"의 주제와 비슷하다고 말할 수 있겠는데, 두 노래를 비교하자면 "As Time Goes By"에서는 사건을 보다 폭넓고 철학적으로 바라보았다는 반면, 이 노래는 영화 끝부분의 사건들을 반영하듯 개인적인 관점에서 바라본다는 점입니다. 노래하는 주인공은 사랑하는 이에게 그들의 heart(마음), 즉 사랑은 distance and spaces(거리와 공간)에 의해 떨어져 있을지라도 항상 이어질 것이라고 안심시키는데 이 가사는 또한 부유한 Rose(로즈)와 가난한 Jack(잭) 사이의 큰 신분의 격차, 그리고 그들이 그 차이에도 불구하고 어떻게 사랑에 빠졌는지에 대한 언급이 될 수 있습니다.

가사는 계속해서 영화의 사건들을 언급하고 있는데 And never let go till we're gone(그리고 우리가 죽을 때까지 계속되죠)이라는 가사는 잭이 로즈에게 the Titanic(타이타닉호)의 얼음 잔해 속에서 살아남으려고 할 때 그가 never let go(절대로 놓지 마세요)라고 말하는 것을 직접 인용한 것입니다. 그러나 여기서 분명히 유사한 점은 이 책에 나오는 대부분의 노래가 잭이 죽은 후에도 잭과 로즈의 사랑이 어떻게 이어지는가를 가리킨다는 것입니다. 그리고 핵심적인 가사의 의미가 많은 다른 상황에 적용되기엔 어렴풋하지만 각각의 사람의 마음에 감동을 줄 정도로 구체적이라는 것입니다. 노래의 가사는 우리가 누군가로부터 사랑을 받았다면 결코 잊혀지지 않을 것임을 가르쳐주는데 그것이 그들의 꿈에서든 혹은 기억 속에서든 우리가 사랑에 빠졌을 때의 모습으로 나타납니다. 그리고 우리는 결코 사랑하는 사람이 차디찬 바닷물 속에서 숨을 거둔 경험은 없지만, 사랑했던 누군가와 뜻하지 않게 헤어져야만 했고, 이것이 이 노래가 앞으로도 on and on(계속)해서 이어지게 될 이유입니다.

ENGLISH STRUCTURES
문장 구조

> ### there's nothing I fear
> 내가 두려워할 건 아무것도 없다

보통 무엇인가에 두려움을 느낄 때 **I'm scared**나 **I'm afraid**라는 표현을 사용하지만 조금 더 시적으로 들리는 표현으로는 **fear**를 사용할 수 있습니다. **I have a fear of snakes.**(나는 뱀을 무서워한다.)에서는 명사로, **I fear you may be misunderstanding me.**(네가 나를 오해하고 있는 게 아닌지 두렵다.)에서는 동사로 쓰였습니다.

> ### Never let go.
> 절대 놓지 마세요.

디웅은 사랑이 우리를 감동시킬 수 있고 **never let go till it's gone** (사라질 때까지 그 사랑을 놓지 않을 수 있다)이라고 노래합니다. **let go**라는 말은 문자 그대로 무언가를 놓으라는 의미를 담고 있지만 어떤 것을 잊어버리고 다양한 감정이나 기억 또는 관계에서 나아가야 한다는 넓은 의미도 담고 있습니다. 그것이 바로 《타이타닉》의 감정적인 절정 부분에서 잭이 로즈에게 **"Promise me you will survive ... and never let go of that promise."** (살아남겠다고 약속해 주세요. … 그리고 절대 그 약속을 놓지 않겠다고 약속해줘요.)라고 말하는 이유인데, 잭은 로즈에게 문자 그대로 구명 뗏목을 **never let go**(절대 놓지 마세요)라고 말할 뿐만 아니라 감정적으로도 그녀가 그에게 하는 약속을 절대 놓지 말라고 말하는 것입니다.

Go on
계속해서 이어가다

이 노래의 가장 중요한 주제는 **go on**입니다. 이 노래는 **I know you go on, you have come to show you go on, my heart will go on**의 가사에서 보듯 **go on**이라는 표현을 계속해서 반복하는데 단순하게는 **continue**(계속하다)라는 뜻의 표현이지만 여러 가지 다른 방법으로 동사구로 사용될 수 있습니다.

- 어떤 상황이 지속됨: **I hate my company. I can't go on working there.**
나는 내 회사가 싫다. 거기서 일을 계속할 수가 없다.

- 어떤 일이 일어나거나 발생함: **What's going on with the neighbors? I can hear them shouting.**
이웃들에게 무슨 일이 생긴 거에요? 그들이 소리지르는 것이 들려요.

- 누군가에게 계속해서 행동하도록 촉구함: **Your story is very interesting. Please, go on.**
당신의 이야기는 매우 흥미롭습니다. 계속 얘기해주세요.

- 끊임없이 이야기함: **Is Pete still talking about his high school days? He just keeps going on and on!**
피트는 아직도 고등학교 시절에 대해 이야기하고 있나요? 그는 계속해서 그 이야기를 해요!

마지막 예문에서 볼 수 있듯이 **on and on**을 사용하여 어떤 행동이 계속 이어진다는 것을 강조할 수 있습니다. 이와 유사하게 어떤 것이 너무 심하게 오랫동안 지속된다고 생각한다는 것을 표현하기 위해 약간의 과장을 추가할 수도 있습니다. 예를 들어 셀린 디옹의 노래를 좋아하지 않는 사람들 중 일부는 **"Ugh, this song just goes on forever!"**(윽, 이 노래는 영원히 계속된다!) 라고 말할 수도 있습니다.

NOW IT'S YOUR TURN!
네 차례야!

Q   여러분은 아직도 첫사랑을 기억하나요? 그때 몇 살이었고 어떻게 상대를 만났나요? 두 사람의 관계는 좋게 끝났나요, 아니면 나쁘게 끝났나요? 지금도 그 사람에 대해 생각하시나요? 이 챕터의 주제를 사용하여 이야기를 써보세요. (go on이라는 표현을 사용할 수 있는지 확인하세요).

— 해답 381 page

The Young Ones

England · 1961 · by Cliff Richard

SONG STORY
노래 이야기

이제 자신의 나라를 대표하는 상징적인 가수와 노래로 마지막 레슨을 마무리하는 것이 적절하고 의미가 있을 것 같습니다. 영국인들은 **Cliff Richard**(클리프 리처드)에 대해 이야기할 때 확실한 자부심을 느끼는데 그것은 그럴 만합니다. 클리프 리처드는 1958년 싱글 "**Move it**"의 발표로 영국 최초의 로큰롤 가수로 널리 알려져 왔으며, 이후 그는 영국 문화 생활에서 매우 중요한 역할을 해왔고, 1995년 기사 작위를 받은 최초의 록 스타가 되어 그 이후로 **Sir Cliff Richard**(클리프 리처드 경)으로 알려지게 되었습니다.

동명의 1961년 영화 *The Young Ones*(젊은이들)에서 따온 이 노래는 격정적인 스페인 춤 **flamenco**(플라멩코)에서 영감을 받은 리듬을 가진 감미로운 팝송으로 리처드의 스타일을 획기적으로 만든 것을 보여주었는데, 즉 젊고 진지하며 이해하기 쉬운 미국의 로큰롤 음악가들의 정신을 영국에 알리게 된 것입니다. 그러나 그는 시대의 풍조에 반항하는 **youth idol**(청소년 우상)로 남

는 것에 만족하지 않았고, 기독교 풍을 강하게 강조하는 팝 가수로 성장하게 됩니다. 시대에 따라 변화하는 이 능력은 그의 경력을 60년 동안 놀라운 수준으로 유지시켰고, 그는 엘비스와 비틀스에 이어 영국에서 세 번째로 많은 **No. 1** 싱글을 가진 가수가 되었습니다. 리처드의 음악적 공헌에 대한 최고의 찬사는 다름아닌 존 레넌으로부터 나왔다고 하는 것이 적절하겠습니다. 레넌은 "Before Cliff and the Shadows, there had been nothing worth listening to in British music." (클리프와 the Shadows(섀도스) 이전에는 영국 음악에는 들을 만한 것이 없었다.)라고 말한 바 있습니다.

FUN FACT !

재미있는 사실!

클리프 리처드는 실제로 Harry Rodger Webb(해리 로저 웹)이라는 이름으로 태어났지만 stage name(예명)으로 Cliff라는 이름을 선택했습니다. 왜냐하면 '낭떠러지 혹은 벼랑'이라는 의미를 갖는 cliff 이라는 단어가 그의 음악의 장르인 rock이라는 단어와도 의미가 같기 때문이었고, 또한 rock music(록 음악)의 거의 전 장르를 완성한 그의 음악 영웅인 Little Richard의 이름을 본따서 Cliff Richard라는 예명을 사용했습니다.

LYRICS
가사

The young ones
Darling, we're the young ones
And young ones shouldn't be afraid

To live, love
While the flame is strong
'Cause we may not be the young ones very long

Tomorrow
Why wait until tomorrow?
'Cause tomorrow sometimes never comes

So love me
There's a song to be sung
And the best time is to sing it
While we're young

[Chorus]
Once in every lifetime
Comes a love like this
Oh, I need you and you need me

젊은이들이여
그대여, 우린 젊은이들이에요
그리고 젊은이들은 두려워해서는 안 되죠

불꽃이 강하게 타오를 때
살고 사랑하기를
왜냐면 우린 오랫동안 젊은이로 있지 않기 때문이죠

내일
왜 내일까지 기다려야 하나요?
내일은 때로는 절대 오지 않을 수도 있는데

그러니 나를 사랑해주세요
불러줄 노래가 있잖아요
그리고 노래를 부르는 것이 가장 좋은 때는
우리가 젊을 때에요

[후렴]
이 같은 사랑은
평생에 단 한번 오는 거예요
아, 나는 당신이 필요하고 당신은 내가 필요해요

LYRICS
가사

Oh, my darling, can't you see?
Young dreams
Should be dreamed together
And young hearts shouldn't be afraid
And some day
When the years have flown
Darling, then we'll teach the young ones
Of our own

[Repeat Chorus]

PRONUNCIATION PRACTICE 발음 연습

이 노래는 비교적 쉬운 일상 어휘를 사용하지만, song(노래), sing(노래하다), sung(sing의 과거분사)의 세 가지 형태가 들어 있는 문장에 주목할 필요가 있는데, song은 명사이고 sing은 동사이기 때문에 sing a song과 같은 표현을 만들 수 있습니다. sung은 과거분사의 형태로 사용되지만 이 노래의 경우에서처럼 수동적 표현으로도 사용할 수 있습니다. There's a song to be sung by us in the future. (미래에 우리가 부를 노래가 있습니다.)

아, 그대여, 모르겠어요?
젊은 꿈들은
함께 꿈꾸어야만 해요
그리고 젊은이들은 두려워해서는 안 되죠
먼 훗날
세월이 빨리 지나가면
그대여, 그땐 우리가 우리의 젊은이들을
가르칠 거예요

[후렴 반복]

 ## WORDS IN THE LYRICS 어휘

- **flame** [fleim] 불길, 불꽃
- **sung** [sʌŋ] sing(노래하다)의 과거분사

- **lifetime** [láiftàim] 일생, 평생, 생애
- **fly** [flai] (시간 · 날짜 등이) 쏜살같이 지나가다

LYRICS
BREAKDOWN
가사 파헤치기

이 노래는 엘비스 프레슬리와 클리프 같은 로큰롤 가수들이 보여준 자유로운 젊은이들에게 부치는 노래입니다. 이 노래에서 리처드는 자신이 좋아하는 한 소녀(그리고 모든 젊은이들)에게 그들이 젊을 때 불꽃이 강렬할 때(while the flame is strong) 그 젊음의 순간을 즐기라고 응원하며, 젊은 열정의 미덕을 찬양하고 또한 젊은이들은 두려워해서는 안 되기(shouldn't be afraid) 때문에 살고(live) 사랑하기(love)에 적극적이지 못한 소녀들을 격려합니다.

그러나 이런 젊은 야성의 이면에는 다음 몇 줄에 숨어있는 **'cause we may not be the young ones very long**(왜냐면 우리는 계속 젊지 않기 때문이에요)과 **'cause tomorrow sometimes never comes**(왜냐면 내일이 오지 않을지도 몰라요) 같은 우울감도 담겨있다는 것을 알 수 있습니다. 젊음은 소중하지만 영원하지 한다는 깨달음이고, 인생에 주어진 것은 아무것도 없기 때문에 우리는 열정 없이 우리의 최고의 시간을 낭비해서는 안 된다는 것입니다.

물론 반전은 리처드가 자신의 진의를 밝히는 마지막 줄에 나타나 있는데 그는 그 소녀와 결혼해서 함께 늙어가고 세월이 흐를 때(the years have flown)까지 함께 하기를 원합니다. 자유분방한 젊은이의 반항심을 부추기는 노래가 그런 건전하고 성숙한 내용으로 끝나는 것은 갑작스럽고 어울리지 않는 느낌이지만, 아마도 그것이 그들 자신의 아이들도 그들과 동일한 삶의 사이클을 겪게 될 것을 보게 되는 젊은이들의 삶의 철학을 담은 이 노래를 가장 잘 요약한 것일 것입니다.

ENGLISH STRUCTURES
문장 구조

> ### We may not be the young ones very long.
> ### 우린 오랫동안 젊지 않을 수도 있어요.

'may not + 동사 + long'의 형태를 사용하여 어떤 변화가 오고 있고 곧 현재 상황이 변할 수 있음을 나타낼 수 있습니다.

> **This sunshine may not last very long. I see some dark clouds.**
> 이 햇살은 오래가지 못해 걷힐지도 몰라요. 먹구름이 보이거든요.
>
> **This boxer might not be champion for very long. His opponent tonight is very tough!**
> 이 권투 선수는 챔피언 자리에서 물러날지도 모르겠습니다. 오늘밤 그의 상대가 매우 강합니다!

> ### Tomorrow never comes.
> ### 내일은 결코 오지 않는다.

이 표현은 내일이 오면 결국 오늘이 될 것이기 때문에 결코 내일이 될 수 없다는 전제 아래 나온 철학적인 속담입니다. 여기서의 교훈은 미래는 우리가 예상했던 대로 이루어지지 않을 수도 있기 때문에 미래에 어떤 일이 일어날지에 대해 너무 많은 기대를 가질 수 없다는 것입니다. 유사한 표현으로 **Never put off until tomorrow what you can do today.** (오늘 할 일을 내일로 미루지 마라.)라는 속담도 함께 알아두세요.

ENGLISH FOCUS
핵심 연구

Young and Old

이 노래의 초점은 나이가 들어가는 것에 맞춰져 있기 때문에 젊고 나이든 것과 관련된 어휘를 어느 정도 익히는 것이 이 노래를 잘 이해하기에 도움이 될 것입니다. 가장 흔하고 간단한 방법은 **This is a home for old people.**(이곳은 노인들의 집입니다.)이나 **The young students in my class are still weak at speaking.** (우리 반의 어린 학생들은 아직 말하는 것에 약하다.)과 같은 문장에서처럼 **young**과 **old**라는 형용사를 사용하는 것입니다. 하지만 나이는 이야기하기에 민감한 개인적인 문제가 될 수도 있기 때문에 '어르신들'을 **old people**이라고 말하는 대신 **the elderly** 또는 **senior citizens**라고 말하는 것을 선호합니다. 이와 유사하게 누군가 나이가 많다는 표현을 하기 위해 단지 **He's old.**라고 말하는 대신에 **He's aging.**이나 **He's getting up in years.** 또는 심지어 **He's at an advanced age.**와 같이 다양하게 말할 수 있습니다.

일반적으로 현재의 나이를 과거나 미래의 나이와 비교하는 경우가 많기 때문에 나이를 이야기할 때 **older**(더 나이 든)나 **younger**(더 젊은)와 같은 비교급의 단어를 사용하는 것이 매우 일반적입니다.

> **When I was <u>younger</u>, I often went rock climbing. But now that I'm <u>older</u>, my body won't allow it anymore.**
> 내가 젊었을 때 흔히 암벽 등반을 했다. 하지만 이제 나이를 먹으니 내 몸이 더는 따라주지 않을 것 같다.
>
> **I don't like to date <u>older</u> women.**
> 나는 연상의 여자들과 사귀는 것을 좋아하지 않는다.
>
> **<u>Young</u> people often take their <u>youth</u> for granted. You don't appreciate your youth until you are at <u>an advanced age</u>.**
> 젊은이들은 흔히 그들의 젊음을 당연하게 여깁니다. 그들은 나이가 들 때까지 젊음을 감사히 여기지 않습니다.

NOW IT'S YOUR TURN!
네 차례야!

1   어렸을 때부터 인생이 어떻게 바뀌었나요? **older**와 **younger**를 사용하여 당시와 지금을 비교해 보세요.

2   여러분은 지금 더 열정적이라고 생각하나요, 아니면 그때가 더 열정적이었다고 생각하나요?

3   만약 자녀들이 있다면 여러분은 그들이 여러분이 어린아이였을 때처럼 행동하기를 원하나요? 여러분은 자녀들이 무엇을 다르게 하기를 원하나요?

— 해답 381 page

CHAPTER 08 | ROUNDUP
마무리하기

Q 어휘를 연습하는 데 도움이 되는 재미있는 연습으로 이 챕터를 마무리하겠습니다. 아래 상자에는 이 챕터에서 배운 노래 가사의 단어가 몇 개 숨겨져 있습니다. 그 몇 개의 단어를 찾을 수 있습니까? (힌트: 총 15개의 단어가 있습니다.)

T	O	R	M	E	N	T	E	D	S	U	X
F	P	O	W	C	M	O	O	D	U	J	D
L	L	R	A	H	W	Y	O	U	N	G	N
A	O	I	R	I	E	A	W	D	B	R	L
M	E	S	F	R	O	R	S	H	U	R	T
E	N	H	T	E	T	H	E	A	R	T	G
Y	S	S	E	M	T	J	B	V	N	S	O
V	N	E	A	R	K	I	A	P	E	F	L
J	F	U	S	C	L	V	M	E	D	R	D
I	N	L	E	A	V	E	S	E	S	B	U

— 해답 382 page

BONUS SONGS 보너스 송

- **The Star-Spangled Banner** (미국 국가)
- **Les Feuilles Mortes** (프랑스어판 고엽)

The Star-Spangled Banner

1931 · by Francis Scott Key

SONG STORY
노래 이야기

"The Star-Spangled Banner"(스타스팽글드 배너)는 미국의 국가(American national anthem)입니다. 각종 프로 스포츠 경기와 사람들이 많이 모이는 행사에서 꼭 불려지며, 사람들은 모자를 벗고 따라 부릅니다. 미국을 방문하든지 이민을 가면 이 노래 가사를 알아두면 유용할 것입니다.

이 노래 가사는 the War of 1812(1812년 전쟁)이 한창이던 1814년 9월 14일 미국 변호사이며 아마추어 시인이었던 Francis Scott Key(프랜시스 스콧 키)에 의해 쓰여졌습니다. 그는 the Royal Navy(영국 해군)가 미국 Baltimore(볼티모어) 해안가의 Fort McHenry(맥헨리 요새)를 점령하려고 영국 군함에서 발사한 로켓 포탄의 빨간 불꽃 사이로 간간이 펄럭이는 미국 국기를 보았습니다. (Key는 그때 영국군 포로로 잡혀 있던 친구를 석방하기 위한 협상단의 일원으로 영국 함선에 머무르고 있었다.) 다음날 동이 트는 새벽 포격이 멈췄을 때, 시인은 맥헨리 요새의 성벽

위에서 펄럭이는 미국 국기를 보고 너무 감격하여 미국의 존재와 함락될 수 없는 미국 정신을 경축하며 시를 써 내려갔습니다.

전쟁 후 이 시는 널리 퍼졌는데 **John Stafford Smith**(존 스태퍼드 스미스)가 작곡한, 영국에서 술을 마실 때 부르는 **"To Anacreon in Heaven"**(천국의 아나크레온)이라는 곡조에 맞춰 부르기 시작했다가, 1931년 3월 3일 법안이 의회에서 통과된 후 국가로 지정되었습니다.

오늘날까지 미국민들은 이 노래를 애국적인 국가로 즐겨 부릅니다. **The Star-Spangled Banner**(성조기)는 50개 주를 상징하는 50개의 별과 당시 13개 주를 상징하는 **stripes**(줄무늬)로 빨강, 파랑, 흰색으로 이루어져 있고, 마치 1814년 9월의 어두운 밤에 펄럭이듯 미국 전역에 펄럭이고 있습니다.

LYRICS
가사

[The first stanza]

O say, can you see, by the dawn's early light,
What so proudly we hail'd at the twilight's last gleaming,
Whose broad stripes and bright stars through the perilous fight
O'er the ramparts we watch'd were so gallantly streaming?
And the rocket's red glare, the bomb bursting in air,
Gave proof through the night that our flag was still there,
O say does that star-spangled banner yet wave
O'er the land of the free and the home of the brave?

 PRONUNCIATION PRACTICE 발음 연습

- **star-spangled** [stá:rspæ̀ŋgld] 별이 총총한
- **banner** [bǽnər] 기(旗), 깃발
- **dawn** [dɔ:n] 새벽(녘), 여명
- **proudly** [práʊdli] 자랑스럽게
- **hail** [heil] 환호하다, 찬사를 보내다
- **twilight** [twáilàit] 저물녘, 해 질 녘
- **gleaming** [glí:miŋ] 반짝거림, 빛남
- **stripe** [straip] 줄무늬
- **perilous** [pérələs] 아주 위험한
- **rampart** [rǽmpɑ:rt] 성벽

[1절]

아 그대는 보이는가, 이른 새벽 동틀 무렵에
마지막 황혼 빛에서 우리가 그토록 자랑스럽게 환호했던
넓은 줄무늬와 빛나는 별들이 새겨진 것이 치열한 전투 속에서도
우리가 지켜온 성벽 위에서 당당히 나부끼고 있었던 것이?
로켓탄의 붉은 섬광과 공중에서 작렬하는 폭탄이
우리의 깃발이 밤새도록 그곳에 있었다는 증거라
아 그 성조기는 아직도 휘날리고 있는가
자유인의 땅과 용감한 사람들의 고향 위에서?

WORDS IN THE LYRICS 어휘

- **gallantly** [gǽləntli] 용감하게,
- **stream** [stri:m] 나부끼다, 펄럭이다
- **glare** [glɛər] 번쩍이는 빛, 섬광
- **burst** [bə:rst] 터지다, 파열하다

- **proof** [pru:f] 증거
- **wave** [weiv] (깃발 등이) 나부끼다
- **brave** [breiv] 용감한, 용맹한

Les Feuilles Mortes(枯葉)

1946 · by Yves Montand

SONG STORY
노래 이야기

프랑스의 시인 자크 프레베르(Jacques Prévert)의 시에 헝가리 태생의 프랑스 작곡가 조제프 코스마(Joseph Kosma)가 곡을 붙인 것이 1945년, 제2차 세계대전 직후라 했습니다. 그 이듬해 이브 몽탕(Yves Montand)이 영화 속에서 이 노래를 부르면서 등장했고, 프레베르와 코스마는 80편 이상의 음악을 만들어 낸 명콤비였습니다.

이브 몽탕은 1921년 이탈리아에서 태어나 두 살 때 프랑스 마르세유로 이주, 열서너 살 때부터 부두 노동자로 일하는 등 갖은 고생을 하다가 에디트 피아프(Edith Piaf)란 샹송 가수를 만납니다. 1945년 그는 그녀의 사랑과 희생 속에서 영화에 출연하면서 세계적인 가수 겸 배우로 떠올랐습니다.

잘생긴 얼굴과 중저음의 부드럽고 매력적인 목소리로 부른 〈고엽〉이 대 히트를 했던 것. 그 후 메릴린 먼로(Marilyn Monroe), 카트린 드뇌브(Catherine Dneuve) 등 당대의 유명 여배우들과 염문을 퍼뜨리며 일세를 풍미

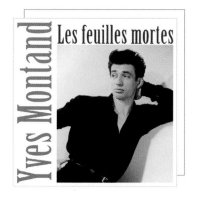

한 영원한 로맨티스트가 되었습니다.

이브 몽탕은 그를 세상에 알린 첫 연인 에디트 피아프와 헤어진 후, 1951년 배우 시몬 시뇨레(Simone Signoret)와 결혼했습니다. 이후 두 사람은 몇 편의 작품에 함께 출연했는데 몽탕이 타 배우와의 염문과 스캔들이 몇 번 있었고, 1985년 시뇨레가 사망하기까지 함께 생활했습니다. 시뇨레의 사후 1988년 그의 보조였던 여성과 결혼했으며, 1991년 사망했습니다.

1920년대, 같은 시대에 태어나 멋지게 살다가 간 앤디 윌리엄스(Andy Williams)와 이브 몽탕, 지금은 이 세상에 없지만 그들이 남기고 간 곡 "Autumn Leaves"는 해마다 이 즈음이면 정말 수많은 사람들이 듣고 부르며 그들을 생각할 것입니다.

원래 상송인 이 노래는 1950년대 캐럴 송을 많이 불러 우리에게 잘 알려진 빙 크로즈비가 영어로 "Autumn Leaves"란 재킷 타이틀을 붙여 팝송 스타일로 처음 불러서 세상에 널리 알려지게 되었습니다.

LYRICS
가사

[독백]

Oh! je voudrais tant que tu te souviennes
오 즈 부드레 땅 끄 뛰 뜨 쑤비엥

Des jours heureux où nous étions amis
데 주르 외뢰 우 누제띠옹 자미

En ce temps-là la vie était plus belle
엉 쓰 땅 라 라 비 에떼 쁠뤼 벨

Et le soleil plus brûlant qu'aujourd'hui.
엘 르 쏠레이 쁠뤼 브륄랑 꼬주르뒤

Les feuilles mortes se ramassent à la pelle
레 푀이 모르뜨 쓰 라마스 알라 뻴

Tu vois, je n'ai pas oublié...
뛰 부와 즈 네 빠 주불리에

Les feuilles mortes se ramassent à la pelle
레 푀이 모르뜨 쓰 라마스 알라 뻴

Les souvenirs et les regrets aussi
레 쑤브니르 엘레 르그레 조씨

Et le vent du nord les emporte
엘 르 방 뒤 노르 레정뽀르뜨

Dans la nuit froide de l'oubli.
당 라 뉘 프루와드 들루블리

Tu vois, je n'ai pas oublié
뛰 부와 즈 네 빠 주불리에

La chanson que tu me chantais.
라 상송 끄 뛰 므 샹떼

오! 나는 그대가 기억하기를 간절히 원해요
우리가 정다웠었던 행복한 날들을

그때는 삶이 더욱 아름다웠고
그리고 태양은 오늘보다 더 작열했었지요
낙엽이 무수히 나뒹굴어요
제가 잊지 못했다는 것, 당신도 알고 있지 않나요
낙엽이 무수히 나뒹굴어요
추억과 미련도 마찬가지로
그리고 북풍은 낙엽들을 실어나르는군요
망각의 싸늘한 밤에
보세요, 난 잊어버리지 않았어요
그대가 내게 들려주었던 그 노래를

[노래]

C'est une chanson qui nous ressemble.
쎄 뛴 샹쏭 끼 누 르쌍블르
Toi, tu m'aimais et je t'aimais
뚜와 뛰 메메 에 즈 떼메
Et nous vivions tous deux ensemble
에 누 비비옹 뚜 되 장쌍블르
Toi qui m'aimais, moi qui t'aimais.
뚜와 끼 메메 무와 끼 떼메

그건 한 곡조의 노래예요
우리와 닮은 그대는 나를 사랑했고, 난 그대를 사랑했어요
그리고 우리 둘은 함께 살았지요
나를 사랑했던 그대, 그대를 사랑했던 나

LYRICS
가사

[후렴]

Mais la vie sépare ceux qui s'aiment,
맬 라 비 쎄빠르 씨 끼 쎔
Tout doucement, sans faire de bruit
뚜 두스망 쌍 페르 드 브뤼
Et la mer efface sur le sable
엘 라 메르 에파쓰 쒸를 르 싸블르
Les pas des amants désunis
레 빠 데 자망 데쥐니

그러나 삶은 사랑하는 사람들을 갈라놓아요
아무 소리 내지 않고 아주 슬그머니
그리고 바다는 모래 위에 새겨진 갈라선
연인들의 발자국들을 지워버려요

[후렴 반복]

NOW IT'S YOUR TURN! 네 차례야!

▶ 본문 25p.

LESSON 1

1 **All the trees are** green.
나무들은 온통 초록색이다.

2 **I looked out my window, and the clouds were** gray.
창 밖을 내다보니 구름이 회색이었다.

3 **When the sun sets, the sky is** dark blue.
해가 질 때 하늘은 짙은 파란색이다.

4 **If you visit Bali, the ocean is** turquoise **and the sand is really**
white. [tə́ːrkwɔiz]
만약 발리에 가보면 바다는 밝은 청록색이고 모래는 정말로 흰색이다.

▶ 본문 35p.

LESSON 2

1 **My father is a** banker.
He manages a small bank in my hometown.
내 아버지는 은행원이다. 그는 우리 고향에서 작은 은행을 운영한다.

2 **My mother was a** researcher.
She worked in a lab before getting married.
내 어머니는 연구원이었다. 그녀는 결혼하기 전 연구실에서 일했다.

3 **My daughter is a** student.
She is currently studying for a degree in physics.
내 딸은 학생이다. 그녀는 현재 물리학 학위를 위해 공부한다.

4 **I am** retired.
I have worked as a dentist for about 30 years.
나는 은퇴했다. 나는 약 30년 동안 치과의사로 일했다.

NOW IT'S YOUR TURN! 네 차례야!

▶ 본문 45p.

LESSON 3

1 On a rainy day, I like to drink hot tea.
비 오는 날에 나는 뜨거운 차 마시기를 즐긴다.

2 When I get the blues, the best thing to do is listen to positive music.
우울할 때는 긍정적인 음악(경쾌한 음악) 듣는 것이 최고야.

3 When my eyes start turning red, the best thing to do is just cry and get it over with.
눈시울이 붉어지려 할 때는 그냥 울고 극복하는 것이 최고의 방법이에요.

4 Instead of complaining, it's better to ask your friends for help.
불평하는 것보다는 친구한테 도움을 청하는 편이 좋아요.

▶ 본문 55p.

LESSON 4

1 When I can sleep in late on weekends, I feel on top of the world!
주말에 늦게까지 잘 수 있을 때 나는 기분이 너무 좋다!

2 I was over the moon when my first child was born.
나는 첫 아기가 태어났을 때 너무나 행복했다.

3 Ever since I had my first date with him, I've been walking on air.
그와 첫 데이트를 가진 이후로 나는 너무 행복했다.

4
eye	→ sky	here	→ clear
creation	→ explanation	around	→ found
trees	→ breeze	me	→ be

▶ 본문 56p.

1. 아래 노래들의 가사를 기억하나요? 빈칸을 채워 가사를 완성하세요.

(A) **Stopped into a church** I passed along the way.
길을 따라 걷다가 어느 교회에 잠시 들어갔어요.

(B) **I'm going back to New Orleans** to wear that ball and chain.
죗값을 치르기 위해 뉴올리언스로 돌아가고 있어요.

(C) **The blues they send to meet me** won't defeat me.
그것(빗방울)이 나를 우울하게 하려 해도 나를 이길 수 없을 거예요.

(D) **Is the love that I've found** ever since you've been around.
당신이 내 주위에 있는 이후에 내가 찾은 사랑이에요.

2. Rhyme(운)이 서로 맞는 단어끼리 이어보세요.

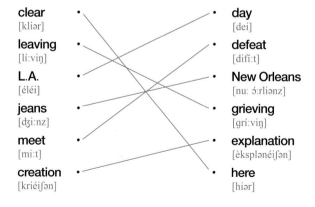

clear [kliər]	**day** [dei]
leaving [líːviŋ]	**defeat** [difíːt]
L.A. [éléi]	**New Orleans** [nuː ɔ́ːrliənz]
jeans [ʤiːnz]	**grieving** [gríːviŋ]
meet [miːt]	**explanation** [èksplənéiʃən]
creation [kriéiʃən]	**here** [hiər]

361

NOW IT'S YOUR TURN! 네 차례야!

▶ 본문 69p.

LESSON 1

1 **January:** snow
눈

2 **April:** easter
부활절

3 **May:** birthday
생일

4 **August:** dragonflies
[drǽgənflàiz]
잠자리

5 **October:** pumpkins
호박

6 **November:** dry leaves
마른 잎

7 **June : romance**
로맨스

8 **December : hot chocolate**
핫 초콜릿

▶ 본문 79p.

LESSON 2

1 A: How do I open this bottle of pills?
이 약병은 어떻게 열어요?

B: You have to push the lid down when you twist it.
뚜껑을 누르면서 비틀면 돼요.

2 A: If you could live in any country in the world, where would you live?
세계의 다른 나라에서 산다면 어느 나라에 살고 싶으세요?

B: I'd probably live in Spain. I love countries with warm, dry weather.
아마도 스페인에 살 거 같아요. 날씨가 덥고 건조한 나라가 좋아요.

NOW IT'S YOUR TURN! 네 차례야!

▶ 본문 89p.

LESSON 3

1 **You're just too good to be true,** I wish I were more like you.
당신은 믿을 수 없이 너무 좋아서, 내가 당신을 더 닮았으면 좋겠다고 생각해요.

2 **This pair of shoes is for free,** could you please give them to me?
이 신발은 공짜예요, 그걸 제게 주실 수 있겠습니까?

3 **There are no clouds in the sky,** it is so hot, I might die!
하늘엔 구름 한 점 없어요, 너무 더워 죽을 것 같아요!

4 **That boat is sailing to sea,** but they forgot to bring me!
저 배는 바다로 출항하고 있는데, 사람들이 나를 데려가는 걸 잊었어요!

▶ 본문 99p.

LESSON 4

1 **Oh no,** I forgot **to turn the lights off when I left the house.**
아 이런, 집에서 나올 때 나는 전등 끄는 것을 잊었어요.

2 **Since I moved to America,** I've forgotten **how to speak Korean.**
미국으로 이사 온 이후로 나는 한국어를 어떻게 말하는지 잊었다.

3 **I can't remember your phone number!** I've forgotten **the last two digits.**
네 전화번호가 기억이 안 나! 나는 마지막 두 숫자를 잊었다 .

4 **John really screwed up at work today. He says he** forgot **to send the email to our client!**
존은 오늘 직장에서 일을 망쳤다. 고객에게 이메일을 보내야 하는 것을 깜빡했다고 한다!

▶ 본문 100p.

1. 다음의 단어가 어떤 노래 가사에 나오는지 표시하세요.

	I Just Called to Say I Love You	How Do I Live	Can't Take My Eyes Off You	Your Song
baby		0	0	
world		0	0	
love	0	0	0	
night	0	0	0	
blue				0
song	0			0
rain	0			
sun	0	0		0

2. 배운 노래 가사에 근거하여 다음 물음에 답하세요.

(A) **In which month does Stevie say that there are no weddings?** June.
스티비는 어느 달에 결혼식이 없다고 말하나요?

(B) **What word does Elton use to praise our eyes?** Sweetest.
엘턴은 우리의 시선을 칭찬하기 위해 어떤 단어를 사용하나요?

(C) **What does Frankie ask us to pardon him for?** The way that he stares.
프랭키는 무엇에 대해 그를 용서해달라고 하나요?

(D) **How would LeAnn feel if she lost us?** She'd feel lost (if she lost us).
리앤은 그녀가 우리를 잃으면 어떤 감정일 것이라고 하나요?

NOW IT'S YOUR TURN! 네 차례야!

▶ 본문 113p.

LESSON 1

1 **Fantastic**
It would be fantastic if you could finish this work by tonight.
오늘 밤 안에 이 일을 끝낼 수 있다면 얼마나 좋을까?

2 **Wonderful**
Her mom always says the most wonderful things! She's so clever .
그녀의 엄마는 언제나 매우 놀랄 만한 말울 한다. 그녀는 상당히 영리하다.

3 **Unbelievable**
It's unbelievable how many bright students we have in this class .
머리 좋은 학생들이 이 학급에 많이 있다는 것이 안 믿어진다.

4 **Splendid**
The book had a splendid ending. I did not see that twist coming at all!
그 책은 끝이 멋졌다. 나는 그런 반전을 전혀 예측하지 못했다!

▶ 본문 121p.

LESSON 2

1 **If you were going on an adventure, where would you go?**
모험을 떠난다면 어디로 가시겠습니까?
I would go to Peru. It has many historical sites that I want to explore.

2 **Who would you bring with you to be your "huckleberry friend"?**
여러분의 'huckleberry friend'로는 누구를 데려가시겠어요?
I'd go traveling with my brother, because he is also interested in history and architecture.
[ɑ́ːrkɪtèkt∫ər]

3 **What kind of great thing would you want to find at the "rainbow's end"?**
'무지개의 끝'에서 여러분은 어떤 멋진 것을 알고 싶으세요?
The greatest treasure I could find at the end of the rainbow would be a loving husband.

NOW IT'S YOUR TURN! 네 차례야!

▶ 본문 129p.

LESSON 3

1 **What is your favorite flower?**
가장 좋아하는 꽃은 무엇인가요?
My favorite flowers are dandelions.
[dǽndəlàiən]

2 **What color is it?**
그 꽃은 무슨 색깔인가요?
They are yellow when they bloom and white when they die.

3 **What words do you associate with it?**
그 꽃과 연상되는 단어는 무엇인가요?
Childish, light, transient.
[trǽnʃənt]

4 **How do you feel when you see it?**
그 꽃을 보면 어떤 느낌이 드나요?
I feel light-hearted and happy, but I also want to kick them to see the white seeds floating in the air.

▶ 본문 139p.

LESSON 4

1 **I'm sweating in the sunshine.**
나는 햇볕 아래서 땀을 흘리고 있습니다.

2 **He's eating in the kitchen.**
그는 부엌에서 먹고 있습니다.

3 **I'm sleeping in the bed.**
나는 침대에서 자고 있습니다.

Just sleeping in the bed.
그냥 침대에서 자고 있습니다.

What a peaceful feeling!
얼마나 평화로운 기분인가!

I'm well-rested again.
나는 다시 잘 쉬었습니다.

▶ 본문 140 p.

1. 다음의 단어들이 나오는 노래를 골라 바르게 연결하세요.

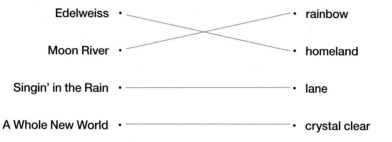

Edelweiss •   • rainbow

Moon River •   • homeland

Singin' in the Rain •   • lane

A Whole New World •   • crystal clear

2. "Singin' in the Rain"에서 다음 가사를 채워 써넣으세요.

I'm singing in the rain, just singing in the rain.
빗속에서 노래 부르고 있어요. 비를 맞으며 그냥 노래 부르고 있어요.

What a glorious feeling, I'm happy again.
정말 째지는 기분이에요. 다시 행복해요.

3. 노래 "Edelweiss" 가사에 등장하는 단어가 아닌 것을 고르세요.

small   (light)   bright   white   clean

4. 우리가 배운 노래의 가사를 다 기억하고 있나요? 다음 노래의 이어지는 가사를 쓰세요.

No one to tell us "no," or where to go or say we're only dreaming.
그 누구도 우리에게 '안 된다'고 하거나, 어디로 가라든지 또는 우리가 꿈꾸고 있는 것뿐
이라고 말할 사람은 없어요.

NOW IT'S YOUR TURN! 네 차례야!

▶ 본문 151p.

LESSON 1

1 **Springtime, and the** flowers are blooming.
봄철에는 꽃이 핍니다.

2 **Summertime, and the** children are lazy.
여름철에는 아이들은 게을러집니다.

3 **Wintertime, and the** department stores are having a sale.
겨울철에는 백화점들이 세일을 합니다.

4 **Nighttime, and the** cats are howling.
밤에는 고양이들이 웁니다.

▶ 본문 161p.

LESSON 2

1 **How** many clouds can you see in the sky?
하늘에 구름이 몇 점 보이나요?

2 **How** much sugar do you want in your tea?
차에 설탕을 얼마만큼 넣을까요?

3 **How** much rain will there be this afternoon?
오늘 오후에 비가 얼만큼 올까요?

4 **How** many slices of pizza will you eat **before** you are finally full?
완전히 배가 부를 때까지 피자 몇 조각을 먹을 수 있어요?

NOW IT'S YOUR TURN! 네 차례야!

▶ 본문 171p.

LESSON 3

1 **Imagine** letting us leave work on time, **it isn't hard to do.**
제시간에 퇴근하는 것을 상상해 보세요, 그리 하는 것은 어렵지 않아요.

2 **Imagine** if we all used less plastic, **it's easy if you try.**
플라스틱을 덜 사용하는 것을 상상해 보세요, 시도한다면 쉽습니다.

3 **Imagine** no more arguing about politics.
정치 문제에 대해 더는 다투지 않는다고 상상해 보세요.

4 **In an ideal world, I imagine that** people would have more free time to pursue their hobbies.
이상적인 세상에서는 나는 사람들이 취미 활동을 하는 데 여가 시간을 더 많이 쓸 것이라고 상상한다.

▶ 본문 181p.

LESSON 4

1 **When I was younger,** there was a great café near my home.
내가 더 젊었을 때 집 근처에 좋은 카페가 있었다.

2 **I remember** I used to go there all the time to study.
나는 공부하려고 늘 거기에 갔던 기억이 난다.

3 **There used to be** a kind woman working there, who gave me free sandwiches when I was hungry.
거기서 일하는 친절한 여자가 있었는데, 그 여자는 내가 배고플 때 공짜 샌드위치를 주곤 했다.

4 **But that has changed. Now,** it has been replaced by a trendy pub.
그러나 그곳은 바뀌었다. 이제는 최신 유행의 술집이 들어섰다.

ROUNDUP 마무리하기

▶ 본문 182p.

1. 이 챕터에서 학습한 노래를 바탕으로 서로 관련 있는 단어들끼리 연결하세요.

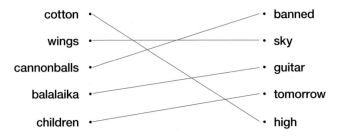

cotton •   • banned

wings •   • sky

cannonballs •   • guitar

balalaika •   • tomorrow

children •   • high

2. 이 가사에 있는 단어 중 하나가 바뀌었습니다. 바뀐 단어를 찾아 올바르게 고치세요.

(A) **The world is closing in, and did you ever think that we could be so ~~near~~ close, like brothers?**
세계가 가까워지고 있어요. 그리고 우리가 형제처럼 가까워질 거라고 생각해 봤어요?

(B) **You may say I'm a dreamer, but I'm not the only one. I hope ~~maybe~~ someday, you'll join us, and the world will be as one.**
나를 몽상가라고 말할지 몰라요. 나 혼자만 이런 생각을 하는 건 아니에요. 언젠가 우리와 함께해요. 그러면 세상은 하나가 될 거예요.

(C) **Yes, and how many years can some people exist, before they're allowed to be free? Yes, and how many times can a man ~~shake~~ turn his head, and pretend that he just doesn't see?**
얼마나 많은 세월을 살아야 자유가 허락되나요? 얼마나 많이 고개를 돌려야 못 본 척 할 수 있나요?

3. 다음 우리말의 영어 단어를 기억하고 있나요?

(A) 허락하다: allow   (B) 펼치다: spread
(C) 영광: glory   (D) 소유물: possessions

NOW IT'S YOUR TURN! 네 차례야!

▶ 본문 193p.

LESSON 1

1 (A) yellow fields　　(B) fields that are yellow　　(C) **fields of yellow**

2 (A) red peppers　　(B) **peppers that are red**　　(C) peppers of red

3 (A) black fingernails　(B) fingernails that are black　(C) fingernails of black

4 **I see** waters of blue in the pool.
나는 수영장의 푸른색 물을 본다.

5 **I see** fluffy towels that are white.
　　　[flʌ́fi]
나는 천이 폭신폭신해 보이는 하얀색 타월을 본다.

6 **I see** multi-colored cocktails at the bar.
나는 바에서 여러 가지 색깔의 칵테일을 본다.

▶ 본문 203p.

LESSON 2

1 **The boy dropped his toy** in the water.
소년은 장남감을 물 속에 떨어뜨렸다.

2 **The knife cut** through the paper.
칼이 종이를 잘랐다.

3 **I dipped the teabag** in/into my tea.
나는 차 봉지를 차에 살짝 담갔다 뺐다.

4 **The kids had left their toys** on the floor.
아이들은 장난감을 바닥에 놓아두었다.

5 **I put down my phone** by my computer.
나는 전화기를 내 컴퓨터 옆에 내려놓았다.

NOW IT'S YOUR TURN! 네 차례야!

▶ 본문 213p.

LESSON 3

1 **Q:** Would you remember my name **if I saw you ten years from now?**
내가 지금부터 10년 후 너를 본다면 너는 내 이름을 기억할까?
A: Of course! I would never forget your name.
물론이지! 네 이름은 결코 잊지 않을 거야.

2 **Q:** Would you still love me **if I got a tattoo?**
만약 내가 문신을 한다면 여전히 나를 사랑할 거야?
A: Yes, but I would feel quite disappointed if you didn't tell me first.
그래, 하지만 먼저 얘기 안 해준다면 상당히 실망할 거야.

3 **Q:** If you could change one thing **about your appearance,** what would you change?
당신은 외모에 대해 한 가지를 바꿀 수 있다면 무엇을 바꾸겠습니까?
A: I would probably make my ears a little smaller. I feel self-conscious about my big ears.
아마도 귀를 약간 작게 만들 거야. 내 큰 귀에 대해 신경이 쓰이거든.

▶ 본문 223p.

LESSON 4

1 I know times are difficult, but you will soon get back on your feet.
힘든 시기라는 것을 알지만 당신은 곧 재기할 거야.

2 No, I swear I wasn't looking at that girl! I only have eyes for you.
아니야, 맹세코 난 저 여자를 쳐다보지 않았어! 나는 너에게만 눈길을 주고 있어요.

3 I found out my best friend cheated me out of money. I never thought he would stab me in the back.
나는 가장 친한 친구가 나를 속여 돈을 빼앗은 것을 알았다. 그가 나를 배신할 거라고 전혀 생각하지 못했다.

4 How was your date? Tell me everything! I'm all ears.
데이트는 어땠어요? 전부 다 말해주세요! 정말 듣고 싶어요.

▶ 본문 224p.

1. 노래 "Tears in Heaven"에서 에릭 클랩턴 은 네 가지의 **would**로 시작하는 질문을 합니다. 그 질문들을 다 기억하고 있나요? 아래 빈칸에 알맞은 노래 가사를 채워보세요.

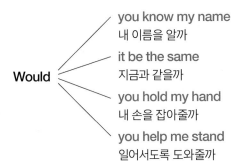

Would
- you know my name
  내 이름을 알까
- it be the same
  지금과 같을까
- you hold my hand
  내 손을 잡아줄까
- you help me stand
  일어서도록 도와줄까

if I saw you in heaven?
내가 천국에서 너를 만나면?

2. 이제 여러분의 기억력을 시험할 시간입니다! 얼마나 많은 노래 가사를 기억할 수 있는지 알아보세요.

(A) **I see** trees **of green. Red roses too.**
녹색 나무를 본다. 빨간색 장미도.
I see them bloom. For me **and you.**
그것들이 꽃 피는 걸 본다. 나와 너를 위해.
And I think **to myself. What a** wonderful world.
그리고 나는 속으로 생각한다. 얼마나 멋진 세상인가.

(B) **By the** rivers **of Babylon, there we** sat **down.**
바빌론 강가에 우린 앉아 있었어요.
Yeah we wept, **when we** remembered Zion.
시온을 생각했을 때, 예 우린 슬피 울었어요.

(C) **You** raise **me up, so I can** stand **on** mountains.
당신이 날 일으켜 주면 산 위에도 설 수 있어요.
You raise **me up, to** walk **on** stormy seas.
당신이 날 일으켜 주면 거센 바다 위를 걸을 수 있어요.

▶ 본문 235p.

LESSON 1

I'm dreaming of being able to graduate from university.
It's a time when I'll be able to choose my own job **and** make an income.
When that time comes, I hope that I'll find a great workplace with nice coworkers.
It will make me nostalgic for the time I spent studying for exams with my friends.

나는 대학을 졸업할 수 있는 꿈을 꾸고 있습니다.
지금은 내 일자리를 선택하고 수입을 만들 때입니다.
그때가 오면 나는 멋진 동료들이 있는 좋은 일자리를 찾기를 바랍니다.
그것은 나에게 친구들과 함께 시험 공부를 한 시절에 대한 향수를 불러일으킬 것입니다.

▶ 본문 243p.

LESSON 2

1 **I can't help** staying up late to watch TV.
TV를 보려면 늦게까지 자지 않을 수 없다.

2 **No matter how hard I try, I can't help** eating sugary pastry for breakfast.
아무리 노력해도 아침으로 단 빵 종류를 먹지 않을 수 없다.

3 I can't help but feel depressed when it rains outside.
밖에 비가 오면 우울해지지 않을 수 없다.

▶ 본문 253p.

LESSON 3

1 **When I find myself in times of trouble** my best friend, Harris, comes to me.
내가 어려움에 처해 있으면 절친 해리스가 내게 옵니다.

2 **He/she** makes me laugh and keeps my mind off my troubles.
그/그녀는 나를 웃겨 내 마음을 고통에서 떠나게 합니다.

3 **Some of his/her words of wisdom are** not to get upset about things I can't control.
그/그녀의 지혜의 말은 내가 통제할 수 없는 일에 대해 기분이 상하지 않도록 해줍니다.

4 **When it comes to** the relationship problems with my ex-girlfriend, **I realize I can't change it. So, I just let it be.**
내 전 여자친구와의 교제 문제에 관한 한, 나는 그것을 바꿀 수 없다고 깨닫고, 그냥 내버려 둡니다.

▶ 본문 261p.

LESSON 4

Dear friends and family, (친애하는 친구들과 가족들에게)

I'd like to propose a toast to Fiona. For the past three months, she has been working extremely hard to make our new product launch a success. So, let's drink to her efforts and to the growth of our company in the future. Cheers everyone!

피오나를 위해 건배를 제안합니다. 지난 3개월 동안 그녀는 우리 신상품이 성공적으로 출시되도록 온갖 열심을 다했습니다. 그래서 그녀의 수고와 미래의 우리 회사의 성장을 위해 축배를 듭시다. 여러분 건배!

ROUNDUP 마무리하기

▶ 본문 262p.

1. 아래의 상황에서 사용할 적절한 어구는 무엇입니까? 이 챕터에서 학습한 노래 가사를 알맞은 칸에 써넣으세요.

Weddings	Christmas	Funerals	New Year's Eve
take my hand meant to be fall in love	white treetops sleigh bells	my hour of darkness broken-hearted times of trouble	old acquaintance drink to ~ for old times' sake

2. 이런! 누군가가 이 표현들을 엉망으로 만들어 놓았네요! 올바른 문장으로 다시 써 보세요.

(A) **continued let's to success our drink**
   → Let's drink to our continued success.
   계속적인 성공을 위해 건배합시다.

(B) **fools only in wise say men rush**
   → Wise men say only fools rush in.
   현자는 오직 바보만이 달려든다고 말한다.

(C) **and bright days your may be merry**
   → May your days be merry and bright .
   너의 날들이 즐겁고 밝은 날이 되기를 기원합니다.

NOW IT'S YOUR TURN! 네 차례야!

▶ 본문 275p.

LESSON 1

A: **Hey, how was your day?** 안녕, 오늘 하루 어땠어요?
→ Hey, sweetie, how was your day?
스위티(자기야)

B: **Not bad. By the way, do you love me?**
나쁘지 않았어요. 그나저나, 당신은 나를 사랑하나요?
→ Not bad, honey. By the way, do you love me?
허니(자기야)

A: **Yes, I really love you.** 물론이지. 난 정말 당신을 사랑해.
→ Of course, I really love you, baby.
베이비(자기야)

B: **Thank you. Are you ready to leave?** 고마워요. 떠날 준비되었어요?
→ Thank you, precious. Are you ready to leave?
프레셔스(자기야)

A: **Yes, one second. I'm almost ready.** 응, 잠깐만. 거의 준비 다 되었어.
→ Yes, one second, dear. I'm almost ready.
디어(자기야)

▶ 본문 285p.

LESSON 2

① **I am afraid of tight spaces.**
나는 닫힌 작은 공간을 무서워합니다.

② **Also, I have a fear of drowning.**
또한 나는 물에 빠져 죽는 것에 대한 공포를 느낍니다.

③ **I have had a phobia of flying for over 10 years.**
나는 10년 넘게 비행 공포증이 있습니다.

④ **But I won't be afraid if Spiderman stands by me.**
하지만 스파이더맨이 곁에 있으면 나는 두렵지 않을 것입니다.

NOW IT'S YOUR TURN! 네 차례야!

▶ 본문 295p.

LESSON 3

1 **I still** play basketball regularly.
나는 여전히 농구를 정기적으로 합니다.

2 **I started** playing basketball **when I was** in middle school, **and I still do it now.**
나는 중학교때 농구를 시작했고, 지금도 여전히 농구를 하고 있습니다.

3 My grandma's house **is still the same as it was when** I was born.
할머니집은 내가 태어났을 때와 똑같습니다.

4 **I don't think I will ever stop** feeling sentimental when I hear the song "As Time Goes By."
"As Time Goes By" 노래를 들을 때 나는 다시는 감상에 빠지지 않을 것입니다.

▶ 본문 305p.

LESSON 4

The last time I cried was about a week ago. I had just bought a new bicycle and was taking it for a ride. But because this bike is larger than my old one, I was still not used to riding it comfortably. So, I couldn't keep my balance, and fell down. When I fell, I badly scraped my knees and hands. It hurt so much, that I couldn't help but let out a few tears.

마지막에 울었던 게 대략 일주일 전이다. 마침 새 자전거를 사서 타러 나갔다. 지난번 것보다 조금 컸기 때문에 아직도 편안하게 타는 데 익숙지 않았다. 그래서 균형을 잡지 못하고 넘어졌다. 넘어졌을 때 무릎과 손에 심한 상처가 났다. 너무 아파서 눈물 몇 방울을 흘리지 않을 수 없었다.

CHAPTER 07 | **ROUNDUP** 마무리하기

▶ 본문 306p.

Q 이 챕터의 '네 차례야!'를 얼마나 잘 기억하고 있나요? 아래의 질문으로 확인해 보세요.

1. 빈칸을 채워 이 문장을 완성하세요.

A: **How have you been? Anything new?**
어떻게 지냈니? 뭐 새로운 것 있니?
B: **Nothing much. Same** old, **same** old.
별로 없어. 똑같아, 똑같아.

2. 다음 중 애정 표현으로 사용되지 않는 단어는 무엇일까요?

(A) **sugar**   (B) **precious**   (C) goldie   (D) **dear**
(E) **cutie**   (F) **baby**   (G) **honey**   (H) ice cream

3. fear(공포)와 관련된 단어를 빈칸에 쓰세요.

I'm afraid

I have a fear   ————   of dark places.

I have a phobia

4. 다음 표현 중 어느 하나가 **cry**의 동의어가 아닙니까?

(A) **shed tears** 눈물을 흘리다   (B) a bump in the throat 목이 메임
(C) **bawl** [bɔːl] 울부짖다   (D) **sniffle** [snífl] 코를 훌쩍거리다

NOW IT'S YOUR TURN! 네 차례야!

▶ 본문 319p.

LESSON 1

A: I'm bored, what do you want to do?
나 지루해, 너 뭐하고 싶니?

B: I'm in the mood to get some exercise. Let's play tennis!
난 운동을 좀 하고 싶어. 테니스를 하자!

A: What would you like to eat for dinner?
저녁으로 뭐 먹고 싶니?

B: I'm in the mood for Vietnamese food.
난 베트남 음식이 먹고 싶은데.

A: Do you want to watch a romcom?
로맨틱한 코미디를 시청하길 원하나요?

B: No, I'm not in the mood for romantic movies.
I'd rather watch a thriller.
아니요, 로맨틱한 영화를 시청하고 싶진 않아요.
오히려 스릴러(공포물)를 시청하고 싶군요.

▶ 본문 327p.

LESSON 2

1   Summer nights are generally shorter than winter ones.
여름 밤은 일반적으로 겨울 밤보다 짧다.

2   There was a red lollipop in the candy store.
사탕가게에 빨간 막대사탕이 있었다.

3   School children must wear clean uniforms and leather shoes.
학생들은 깨끗한 교복과 가죽 신발을 신어야 한다.

4   The company employees left their milk cartons and cigarette
cases on the kitchen table.
회사 직원들은 우유팩과 담배갑을 부엌 테이블 위에 놓아두었다.

▶ 본문 337p.

LESSON 3

I met my first love when I was 21 years old. It was quite late, but I grew up very sheltered, so I didn't have a chance to meet any boys until I entered university. I fell in love with a boy named Hanmin, who was in the same film club as me. We bonded over movies, and eventually dated for 3 years. I loved his kindness and creative mind. But unfortunately, he went to America to study, so we eventually just drifted apart. I haven't seen him in over ten years. But my love for him still goes on.

나는 21살 때 첫사랑을 만났다. 나는 매우 과보호적인 환경에서 자라서 대학에 들어갈 때까지 남자를 만날 기회가 없었다. 나와 같은 영화 동아리에서 '한민'이라는 남자를 만나 사랑에 빠졌다. 우리는 영화로 유대관계를 이루었고 결국 3년간 사귀었다. 그의 친절과 창의적 마음씨가 좋았다. 그러나 불행히도 그가 공부하러 미국에 가면서 결국 사이가 멀어졌다. 10년 넘게 못 보았으나 그에 대한 사랑은 아직도 지속된다.

▶ 본문 347p.

LESSON 4

1 When I was younger, I used to spend a lot more time reading books. But after getting older, I hardly have time for it.
어렸을 때는 책 읽는 데 시간을 많이 쓰곤 했다. 하지만 나이 들면서 책 읽을 시간 내기가 힘들다.

2 I think I am still as passionate now as I was back then. Maybe I am one of the "young ones" who never gets old.
나는 옛날이나 마찬가지로 지금도 여전히 열정적이다. 아마도 결코 늙지 않는 '젊은 사람' 중의 한 사람인가 보다.

3 I would feel happy if my children were living as I did. Because I enjoyed myself a lot as a teenager. I hope they can also enjoy themselves, while staying safe.
내가 살아온 것 같이 내 아이들도 산다면 행복할 것 같다. 내가 10대 때 생활을 많이 즐겼기 때문이다. 그들도 생활을 즐기기 바란다, 물론 안전을 유지하면서.

▶ 본문 348p.

Q 어휘를 연습하는 데 도움이 되는 재미있는 연습으로 이 챕터를 마무리하겠습니다. 아래 상자에는 이 챕터에서 배운 노래 가사의 단어가 몇 개 숨겨져 있습니다. 그 몇 개의 단어를 찾을 수 있습니까? (힌트: 총 15개의 단어가 있습니다.)

T	O	R	M	E	N	T	E	D	S	U	X
F	P	O	W	C	M	O	O	D	U	J	D
L	L	R	A	H	W	Y	O	U	N	G	N
A	O	I	R	I	E	A	W	D	B	R	L
M	E	S	F	R	O	R	S	H	U	R	T
E	N	H	T	E	T	H	E	A	R	T	G
Y	S	S	E	M	T	J	B	V	N	S	O
V	N	E	A	R	K	I	A	P	E	F	L
J	F	U	S	C	L	V	M	E	D	R	D
I	N	L	E	A	V	E	S	E	S	B	U

정답
tormented, mood, sunburned, young, flame, near, leaves, lifetime, tease, gold, hurt, heart, wherever, lost, jive

382

착한 영어 시리즈
Pure and Simple English Series

01.

착한 여행영어
(포켓판)

02.

착한 영어 파파라치!
(틀린 영어 간판 찾기)

03.

착한 1,2,3 쉬운 생활영어
(한 단어, 두 단어, 세 단어로 된)

04.

착한 여행영어 일기
(남미편)

05.

착한 영문법
(기초 · 중급용)

06.

착한 생활영어
(미국 일상에서)

07.

착한 여행영어 회화
(교재용)

08.

착한 기초영어 첫걸음
(왕초보를 졸업한)

09.

착한 미국영어 회화
(중 · 고급용)

10.

**착한 업그레이드 된
기초영어 회화 첫걸음**
(초 · 중급용)

11.

착한 서비스영어
(비즈니스 영어/중 · 고급용)

12.

**착한 팝송에서 배우는
영어회화**

당신의 인생에서 일어나게 될 변화에 대응하는 확실한 방법!

누가

Who
Moved
My
Cheese?

내치즈를
옮겼을까?

스펜서 존슨 **지음** | 이영진 **옮김**

230만부
돌파

230만의 치즈가
이제 당신의 치즈가 됩니다.

ViM (주)진명출판사

ViM (주)진명출판사